초고령사회
사람들

초고령사회 사람들

초판 인쇄 2025년 10월 30일
초판 발행 2025년 11월 5일

지은이 황교진
펴낸이 양현덕
펴낸곳 (주)디멘시아북스
기획·편집 양정덕
디자인 김진현

등록번호 제2020-000082호
주소 (16943) 경기도 용인시 수지구 광교중앙로 294 엘리치안빌딩 305호
전화 031-216-8720
팩스 031-216-8721
홈페이지 www.dementiabooks.co.kr
이 메 일 dementiabooks@naver.com

ISBN 979-11-992611-7-4 13330

ⓒ 황교진 2025 Printed in Korea

초고령사회
사람들

황교진 지음

Dementia Books
디멘시아북스

준비되지 않은 현실

2024년 나는 '초고령사회 초읽기'라는 기획을 통해 한국이 얼마나 빠른 속도로 나이 들어가며 준비할 것은 많고 대비할 시간은 부족한지를 기록하기 시작했다. 그리고 2025년에는 '초고령사회 과제'라는 기획을 이어가며, 이제는 다가오는 미래가 아니라 이미 시작된 현재의 문제를 짚어내 왔다.

한국은 2000년 고령화사회에 진입한 이후 불과 24년 만인 2024년 하반기에 전체 인구의 20% 이상이 65세 이상인 초고령사회가 되었다. 일본은 36년, 독일은 77년, 프랑스는 154년이 걸렸지만, 한국은 단기간에 그 고개를 넘어섰다. 급격한 인구 구조 변화는 준비할 시간을 허락하지 않았다.

그 결과 한국의 고령 세대는 오래 살지만 행복하지 못하다. 치매 환자는 100만 명에 치닫고 있고, 가족에게 전가된 간병 부담은 극단적 선택 같은 비극으로 이어졌다. 노인빈곤율은 OECD 평균에 비해 훨씬 높고, 노인자살률은 여전히 세계 최고 수준이다. 한국 사회의 이러한 취약한 단면은 회복될 기미를 보이지 않는 현실이다.

이 와중에 노인 주거와 돌봄의 해법을 두고 실버타운과 같은 모델을 둘러싼 논쟁이 거세다. 그러나 더 근본적인 문제는 시설의 형태가 아니라 사회의 태도다. 노인을 존중하는 문화가 자리 잡고 모든 세대가 섞여서 소통하며 살아가는 모습이 이상적인 해법이다. 동시에 노인 스스로도 나이를 특권처럼 여기며 군림하기보다 젊은 세대를 배려하고 소통하는 자세가 필요하다. 세대 간 상호 존중과 이해가 뿌리내려야 한국의 초고령사회는 지속 가능한 길을 찾을 수 있다.

이 책은 디멘시아뉴스의 기획 보도를 토대로 초고령사회 한국의 현주소를 종합하고 효능감 있는 정책 개발의 필요성을 제기하려는 목적으로 썼다. 동시에 치매를 포함한 노인 돌봄의 현실과 제도적 과제를 짚으며, 독자에게는 노인을 바라보는 따뜻한 시선을 제안하고자 한다. 초고령사회는 우리가 이미 처한 현실이며 모두의 삶을 바꾸고 있는 거대한 흐름이다. 이 책이 그 변화를 기록하고 더 나은 내일을 위한 길을 모색하는 작은 발걸음이 되기를 바란다.

2025년 가을

황교진 | 디멘시아뉴스 편집국장

차례

제1부 다가온 미래

제
1
부

다가온 미래

'일하는 노인' 많아야 한다지만,
치매 등급 노인의 일자리는?

치매 등급 받은 노인은 일할 자격 주지 않는 사회
한 사람의 인간으로서 사회와 연결해주는 역할은 누가...

일본 도쿄 센가와에 위치한 카페 '오렌지데이 센가와'는 나이가 지긋한 노인들이 서빙한다. 치매를 겪는 그들은 주문서를 잊어버리거나 주문하지 않은 테이블에 음료를 서빙하고 다른 음료를 가져다 주는 등 실수 연발이지만, 카페 손님들은 치매 노인이 서빙 중이라는 사실을 이해하고 불평하지 않는다. 주문하지 않은 음료가 나와도 오히려 즐거운 이벤트로 간주한다.

이곳은 문밖 출입을 거의 못하는 치매 환자에게 일자리를 제공한 카페로 전 세계에 알려졌다. 치매 환자도 집이나 병원이 아닌, 사회적으로 활동할 수 있는 공간이 필요하다는 목소리를 반영했다. 치매 연구자들은 "치매 환자가 새로운 사람과 교류하고 생산성을 발휘할 수 있는 환경이 조성되면 병 진행을 늦추는 데 도움이 된다"고 설명한다.

우리보다 일찍 초고령사회가 된 일본은 2017년부터 '치매 카페'가 곳곳에 생겼다. '오렌지데이 센가와'는 주인이 카페를 인수한 뒤 센가와 당국과 협력해 지역 내 치매 노인에게 근로 기회를 제공했다. 관과 민이 협력한 치매 환자 일자리 제공 서비스다. 2년 전부터 치매 증상을 보인 모리타 토시오(85) 씨는 "이곳에서 일하는 것이 즐겁다. 여기 있는 것만으로도 다시 젊어지는 기분"이라고 말했다. 16살 딸과 함께 카페를 찾은 아리카와 토모미(48) 씨는 이곳에서 서빙하는 치매 노인을 보고 "아버지와 함께한 순간이 떠올라 눈물이 날 뻔했다"고 아픔을 고백하며 고마운 마음을 표하기도 했다. 그의 아버지는 얼마 전 세상을 떠나기 전까지 4년간 치매를 앓았다.

도쿄 마치다시에서는 스타벅스 여러 곳을 치매 카페로 지정해 치매 환자와 그 가족이 자유롭게 이용하게 했고, 일반인도 치매 환자를 친근하게 받아들이는 치매 인식 개선의 장으로 운영하고 있다. 마치다시에 사는 아키노 할아버지는 오전 11시에 혼다 자동차 대리점에 가서 승용차 먼지를 닦는 일을 한다. 이 혼다 대리점은 아키노 할아버지를 포함한 어르신 세차원 7명이 초록색 장갑을 끼고 매장 앞에 놓인 차를 닦는데 모두 치매 환자다. 이 대리점의 고바야시 에이사쿠 대리는 "어르신들은 느릴지언정 열심히, 그리고 누구보다 즐겁게 맡은 일을 해낸다"고 설명했다. 치매 노인을 사회의 구성원으로 끌어안는 프로젝트를 진행하는 비영리단체 데이즈비엘지(DAYS BLG!)가 일자리를 공급한 덕분이다.

이처럼 일본은 시와 민간의 협업, 비영리단체의 활동 등으로 일찍이 치매 노인에게 적절한 일자리를 제공해왔다. 치매 노인이 요양시설에만 있지 않고 이웃과 만나 인지장애 진행 속도를 완화하고, 지역사회가 치매를 이해하는 가운데 치매 노인이 외출 시 부담을 느끼지 않도록 배려한다.

한편, 한국도 초고령사회 진입과 함께 늘어나는 치매 노인에게 사회 활동 기회를 제공하려고 시도하고 있다. 2023년 8월 서울시와 서울시광역치매센터는 40~50대 초로기치매 환자를 대상으로 초록기억카페을 선보였다. 사전·사후 효과성을 평가해 향후 서울시 25개 구 치매안심센터로 확대 운영할 것이라고 밝혔다. 나와의 통화에서 담당자는 "현재 12월 7일까지의 운영 현황을 분석 중이며 이 결과를 토대로 내년 확대 운영 가능 여부를 발표할 것"이라고 했다. 60세 이상 경증 치매 환자를 위한 일자리 시범 운영은 언제쯤 가능할지는 알 수 없다.

2023년 9월, 일본의 치매 카페 모델을 가져온 노원구는 최초로 한국형 치매카페를 조성했다. 초로기치매 환자의 사회활동을 지원해 돌봄 사각지대를 해소하고 치매 환자가 지역사회 안에 참여할 수 있도록 했다. 노원구는 서울시 25개 자치구 중 치매 환자 수가 9,701명으로 가장 많다(2022 대한민국 치매 현황). 구와 동네 카페가 협약을 맺고 초로기치매 판정을 받은 환자가 컵 정리, 주문받기, 매장 관리 일을 한다. 활동 시간에 대한 보상으로 1시간에 1만 원 상당의 상품권을 지급하고 이를 쓸 수 있도록 지역 마트와 협약을 맺었다.

치매 카페에서 초로기치매 환자가 굿즈를 배부하는 모습 / 노원구

치매 친화 지역으로 조성하려는 노력이 조금씩 일고 있는 가운데, 2023년 11월 28일 보건복지부는 2조 262억 원의 예산을 투입해 노인일자리 개수를 103만 개까지 확대한다고 밝혔다. 이는 역대 최대폭의 예산을 투입한 노인일자리 지원사업이다. 대상은 65세 이상이며 모집하는 사업은 공익활동형과 일부 사회 서비스형이다. 사회 서비스

선도 모델형과 민간형(시장형, 취업 알선형, 시니어 인턴십, 고령자 친화기업)의 경우는 60세 이상도 지원할 수 있다.

지원사업 문의 전화로 치매 등급 노인의 지원 자격에 대해 확인해 보았다. 담당자는 "치매 등급 판정 어른은 자격이 안 된다"며, "경도인 지장애 진단을 받은 분은 일반 노인과 같이 면접 시 대화와 거동을 확인 후 일자리를 얻을 수는 있다"고 설명했다. 치매로 가는 단계의 문 밖에 있는 노인에게만 한정적인 기회를 부여하는 우리의 노인일자리 지원사업은 언제쯤 치매 친화 국가의 모습을 갖추게 될까? 일본은 카페 서빙, 세차 외에도 야채 깎기, 전단 배포 등 다양한 일에 치매 노인을 고용한다. '몸을 움직일 수 있으면 된다'는 요건 확인 후 거의 채용한다.

일상 생활에서 다른 사람의 도움이 일부 필요하다고 해서 단순 노무 근로 능력이 없는 것은 아니다. 치매 중증도를 구분하지 않고 획일적으로 판단하는 것은 심각한 모순이다. 노인장기요양보험제도의 혜택을 받기 때문에 노인일자리 참여를 혜택의 중복이라고 본다면, 일을 하면서 치매가 악화되지 않는 효과를 사전 차단하는 오류에 빠진다. 치매 환자의 우울증과 사회적 고립감은 적절한 일을 하면서 줄일 수 있으며, 치매 환자의 사회참여는 사회적 고립감을 해소하고 치매 진행을 늦추는 효과가 있다. 단순 노무 위주의 노인일자리에서 치매 환자를 세분화해 일할 기회를 제공하는 것이 치매로부터 안전한 사회를 만드는 길이다. 치매 판정 이후 사회와 단절돼 어두운 방에서 여생을 보내는 구조에서는 초기 치매부터 희망이 사라진다.

한국의 치매 일자리는 치매 노인을 대상으로 시혜를 베푸는 서비스 일자리를 뜻한다. 치매 노인이 일하는 주체인 일자리는 찾을 수 없다. 자연히 가족과 친구들 대화에서 치매는 화두에 오르지 못하는 두려운 병이다. 우리도 비영리단체 활동과 국가 지원의 연대로 치매 노인이 당당한 사회 구성원으로 생산적인 활동을 할 수 있는 길을 열어야 한다. 치매 노인을 시혜 대상으로 낙인찍기보다 사회의 일원으로 포용하는 정책이 아쉽다.

"치매에 걸려도 한 사람의 인간으로서 사회와 연결되고 싶다"는 말은 속으로 삭혀야 하는 우리 사회. 더 늦기 전에 보건복지부와 고용노동부가 치매 환자와 사회를 연결하는 역할에 관심을 기울여야 한다. 총선을 앞두고 노인 표심을 얻기 위해 공약만 내거는 정책이 아니라, 누구나 겪을 수 있는 질환인데도 치매인으로는 살기 어려운 사회, 의지와 상관 없이 원하지 않는 삶을 강요당하는 환경을 바꾸어야 한다. 함께 고민하는 치매 친화형 노인일자리 정책 마련과 민간 영역과의 협업 및 실행은 언제쯤 볼 수 있을까.

치매 간병, 끝까지 책임지지 못해
절망한 이들의 선택

'죽어야 끝나는 전쟁' 계속 방치할 것인가
누구나 간병인 아니면 간병을 받는 사람으로 살게 된다

2024년 1월 17일 대구에서 치매를 앓던 80대 아버지를 간병하던 50대 아들이 아버지를 숨지게 하고 자신도 목숨을 끊는 사건이 발생했다. 아버지는 15년 전 치매 진단을 받아 증상이 심해졌고 아들은 8년을 오롯이 홀로 간병해 왔다. 유서에 아버지와 함께 묻어 달라고 했다. 이웃 주민들에 의하면 숨진 아들은 직장도 그만두고 치매 아버지를 간병했다고 한다. 집 밖으로 나오지 않는 부자라 이웃과 만날 일이 없었다. 숨진 부자는 관할 구청이 제공하는 노인장기요양보험제도의 장기요양 서비스를 받지 않았다. 간병을 하더라도 일상적인 경제활동을 하도록 돕는 돌봄 정책이 여전히 사각지대를 놓치고 있다.

건강보험공단은 '당사자'나 '가족', '대리인' 등이 노인장기요양보험 등급을 신청하면 건강 상태 등을 조사해 등급을 부여한다. 가장 낮은 등급인 인지 지원 등급이더라도 주야간보호센터에서 돌봄을 받을 수 있지만, 사건의 50대 아들은 노인장기요양보험 등급을 신청한 기록이 없는 것으로 확인됐다. 달서구 관계자는 "현재까지 지역 치매안심센터에 등록된 분은 아닌 것으로 파악됐다"고 밝혔다. 한 복지 담당 공무원은 "기초생활보장 수급자나 차상위계층이 아니면 행정 기관이 먼저 나서서 도움이 필요한 치매 환자를 파악하기 힘들다"고 털어놨다. 건강보험공단과 지자체는 현수막이나 지역 통장 회의 등을 통해 노인장기요양보험 등급 신청을 안내하는 데 그치고 있다.

한편 대구에서는 2023년 10월 24일, 뇌병변을 앓는 중증 장애 아들(39)을 출생 시기부터 계속 보살핀 60대 아버지가 아들을 숨지게 한 사건이 있었다. 아버지는 범행 후 극단적 선택을 시도했으나 외출 후 돌아온 아내에 의해 발견돼 의식불명 상태에서 회복했다. 대구지검 형사2부는 60대 아버지를 구속기소했다. 아버지는 장애로 거동할 수 없는 아들을 위해 다니던 직장을 그만두고 아들 곁에서 식사와 목욕 등의 간병을 도맡아 왔다. 아내와 다른 가족은 선처를 호소했다.

2023년 1월 19일 인천지법 형사12부는 38년간 돌봐온 뇌병변 1급 중증 장애인 딸을 살해한 60대 어머니에게 징역 3년에 집행유예 5년을 선고했다. 검사는 10년을 구형했으나 재판에서 경감을 받았다. 감당하기 어려운 고통으로부터 자신을 방어할 수 없는 극단적 상황이라는 의견을 받아들인 것이다. 간병살인, 간병자살에 대해 국민의 법 감정은 안타까움에 기울어 있다.

초고령사회에 접어들며 치매 환자가 급증하고 있다. 시설에 보낼 형편이 되지 않는 가정은 가족 간병을 택한다. 간병이 장기화되면서 가족들은 육체적·정신적으로 지쳐간다. 더는 간병할 수 없을 만큼 소진되고 극심한 경제난을 겪으면서 혹심한 절망감에 간병살인을 저지르거나 동반자살 등 극단적인 선택을 한다. 평생 도움을 받아야 하는 장애인 자녀를 돌본 부모처럼 장기간병을 하는 가족은 다니던 직장도 그만두고 사회적으로 고립돼 퇴직금 등 모아둔 돈까지 다 쓰고 우울증에 시달려도 돌봄의 책임감 때문에 자신을 돌볼 여유가 없다. 간병 스트레스가 극에 달한 이들에게 찾아가는 서비스를 베풀기에는 복지 인력이 턱없이 부족하다.

'죽어야 끝나는 전쟁'이라고 불리는 간병살인으로 2005년부터 2018년 사이 213명이 목숨을 잃었다. 연평균 16.4명, 월평균 1.4명에 달하는 수치다. 간병의 한계에 부딪혀 발생하는 간병 범죄는 고령화가 큰 원인을 차지한다. 2007년에 65세 이상 인구가 21.5%를 넘어 초고령사회가 된 일본은 2007년부터 2014년까지 매주 한 건씩 연평균 46건의 간병살인이 발생했다.

송인한 연세대 사회복지대학원 교수 외 3명이 2016년에 학술지

〈한국노년학〉(Journal of the Korean Gerontological Society)에 발표한 논문 〈치매 노인의 증상 정도가 부양자의 자살 생각에 미치는 영향에 대한 연구〉에 따르면 치매 환자의 증상이 심해질수록 가족 관계가 악화될 뿐만 아니라 부양자의 자살 생각도 심화시키는 것으로 나타났다. 또한 간병살인 사건을 분석한 결과 범죄의 절반 이상이 치매 환자 가정에서 일어났다.

전문가들은 행정 당국의 적극적인 접근 방식이 필요하다고 지적했다. 허만세 계명대 사회복지학과 교수는 "지원이 필요한 분들을 적극적으로 발굴하고 지원하는 일을 당국이 선제적으로 할 필요가 있다"고 강조했다. 이어서 "공공 돌봄 체계가 부족한 상황에서 비극적 사례가 점점 늘어날 것이기 때문에 사회 복지 서비스를 더 확충해야 한다"고 덧붙였다. 문지호 의료윤리연구회장은 의협신문 칼럼에 간병에 대한 법적 지원을 통해 간병인의 삶을 지원해 주어야 한다고 썼다.

미국은 2006년 '레스핏 케어(Respite Care)'를 통해 간병을 일시적으로 다른 이에게 맡길 수 있는 것을 권리로 인정했다. 레스핏 케어는 간병 스태프를 파견받아 간병인이 병상을 떠나 수면과 휴식을 취하게 하는 제도다. 예약을 통해 야간이나 주말에도 이용할 수 있다. 병상을 일단 벗어나면 이성적으로 가족을 마주할 힘이 생겨 환자 학대와 방임을 예방할 수 있다. 영국도 2014년 간병 관련법(Care Act 2014)을 마련해 간병인에게 건강하고 쾌적한 생활을 할 수 있는 권리를 부여했다. 일본은 2010년 케어러(Carer) 지원 추진법안을 발의해 간병의 책임을 국가가 담당하고, 지방 공공단체는 지역 실정에 맞춘 제도를 시행하며, 기업은 임직원이 업무와 간병을 양립하는 환경을 조성하도록 하고 있다.

생명이 최고의 가치임을 모르는 사람은 없다. 누구나 간병인이 될 수 있다. 간병살인과 간병자살을 선택할 수밖에 없는 극심한 고통이 나를 비껴가리란 법이 없다. 인간적인 돌봄을 받지 못하는 환자들과 더는 돌봄의 책임을 다할 수 없는 간병 피로로 절망한 보호자들을 누가 구원할 수 있을까.

치매 환자 손톱 깎아준 뒤
출혈 숨겨 손가락 괴사, 근본적인 문제는?

요양병원 6인실 공동 간병의 한계
노인이 노인을 간병하거나 훈련받지 못한 외국인이 간병하는 문제

2024년 3월 7일 여러 매체가 치매 환자의 손톱을 깎아주다 출혈 사실을 숨겨 손가락을 괴사시킨 간병인이 금고형의 집행유예를 선고받은 사실을 보도했다. 서울북부지법 형사5단독은 업무상과실치상 혐의로 재판에 넘겨진 유 모씨(76)에게 금고 6개월에 집행유예 2년을 선고했다. 서울 동대문구의 한 요양병원에서 간병인으로 일하던 유 씨는 2022년 4월 13일 치매 환자인 최 모(79)씨의 손톱을 깎아주다 손톱깎이로 왼손 검지 손톱 아랫부분 살을 집어 출혈이 발생하게 했는데 유 씨는 환자 최 씨가 상처를 입은 사실을 의료진에게 즉시 알리지 않았다. 고령의 최 씨는 치매를 앓고 있어 통증 표현 등의 소통이 어려운 상황이었다. 간병인은 출혈 사실을 의료진에 알리지 않은 채 상처 부위를 간단히 소독하고 장갑을 끼워뒀고 이것이 결국 화를 키웠다. 제때 적절한 치료를 받지 못한 환자의 왼손 검지는 절단해야 할 수준으로 괴사하고 말았다. 재판부는 "상해 결과가 중하고 피해자와 합의에 이르지 못했지만, 피의자에게 다른 범죄 전력이 없다"며 양형 이유를 설명했다.

요양병원 6인실은 간병인 1인이 6명의 환자를 공동으로 간병한다. 요양병원마다 혹은 간병인 개인 성향에 따라 기준이 다르겠지만 보통은 일주일에 한 번 침상 목욕이 이뤄진다. 그 외 장기 환자에게 필수적인 위생관리는 간병인의 마음가짐에 달려 있다. 대충 물 칠만 하며 흉내만 내는 간병인이 있는가 하면, 조금 양호하게 관리하는 간병인도 드물게 있다. 장기간 입원하는 치매 환자와 와상환자에겐 위생관리가 가장 중요하다. 요양병원에 장기 입원을 결정한 가족들은 종합병원에서 진료받고 입·퇴원을 반복해 병원비 문제 등으로 지칠 대로 지친 상태다. 장기간 지출되는 병원비 부담으로 의료보험이 적용되는 6인실에서 공동 간병을 쓰는 보호자 처지로서는 간병인에게 깨끗한 위생관리를 요구하기가 어렵다.

간병인은 최저시급에 못 미치는 급여를 받으면서 환자의 낙상 사고, 자신의 근골격계 질환에 대비한 보험료를 내고 있고 거기다 중개센터에 수수료도 지불해야 한다. 일의 강도에 비해 현저하게 낮은 페이로 일하기 때문에 대부분 외국인 노동자가 간병 업무에 투입돼 있다. 내국인 간병인은 위의 사고에서 보듯이 70대가 70대 이상의 환자를 간병하는 노노케어의 모습이다.

70대 간병인의 노안 시력으로 환자 손톱을 조심스레 깎기는 불가능하다. 환자 간병을 해본 사람만이 아는 사실이 또 있다. 치매 환자와 와상환자는 일상생활에 자기 손을 쓰지 않기 때문에 손톱밑살이 지나치게 볼록 튀어나와 있다. 손톱을 깎을 때 돌출된 손톱밑살을 조심해야 하는데 이를 세심하게 신경 쓰는 간병인은 거의 없다.

내가 20년 동안 간병한 어머니도 처음 요양병원에 입소했을 때 손톱을 깎은 간병인이 어머니의 모든 손톱밑살을 집어 출혈을 내놓았다. 게다가 여러 환자의 손톱을 깎는 손톱깎이를 제대로 소독하고 쓰는 병원은 없다. 기관 절개한 T케뉼라에 넣는 석션 탭도 원칙은 일회용이지만 많은 병원이 열기 소독 후 재활용한다. 특히 장기 환자가 입원한 요양병원 대부분이 환자 위생과 멸균 소독, 일회용 의료도구 교체 원칙을 제대로 지키지 않는다. 손톱 출혈은 병실에서 일어나는 여러 사고 중에 작은 사고라고 할 수 있다. 간병인 입장에서도 할 말이 많고, 보호자는 간병인 앞에서 을이 아니라 병, 정, 무의 입장에서 마음고생하는 경우가 흔하다. 강하게 항의했다가는 그 피해가 고스란히 환자에게 전해질까 봐 아무 말 못하는 경우가 많다.

그 근본적인 문제를 짚어 본다. 요양병원은 노인장기요양보험제도의 요양보호사 수급자로 간병 인력이 구성돼 있지 않다. 우리가 일상에서 마주하는 요양원(노인의료복지시설)은 2008년 7월에 시행된 노인장기요양보험과 연관돼 있다. 국민건강보험이 '진단 및 치료'를 지원하고, 노인장기요양보험은 노인성 질환자의 '돌봄'을 지원한다. 문제는 국민건강보험공단이 두 사회보험의 운영을 통해 의료와 돌봄을 원원으로 이끄는 것이 아니라 분리와 단절로 만들고 말았다. 의료는 병원에서, 돌봄은 집이나 요양시설에서 하는 것으로 정의됐다. 의료 서비스가 필요하면 노인장기요양보험의 혜택을 포기해야 한다. 환자 가족은 요양원과 요양병원의 분절을 발병 후 장기 치료와 요양이 필요할 때 마주한다. 요양원과 요양병원을 어떻게 무 자르듯 나눌 수 있겠는가.

의사가 없는 요양시설에서도 의료 서비스가 필요하고, 요양보호사가 없는 요양병원에서도 돌봄이 필요하다. 결국은 보호자가 경제적으로 얼마나 큰 비용을 장기간 고정 지출할 것인가에 따라 결정해야 한다. 환자에게 의료가 필요해도 장기요양등급을 받은 뒤 혜택을 받으려면 요양시설에 입소해야 하고, 그 안에서 위중한 상황이 발생하면 앰뷸런스로 병원에 이송해 진료받아야 한다. 이런 고통을 겪지 않으려면 장기요양등급 혜택을 포기하고, 요양병원을 선택해 간병비를 별도로 지출해야 한다.

병실에서 오랜 기간 투병하다 보면 환자도 고통받지만, 보호자도 지치고 매달 지불해야 할 병원비로 살림은 밑 빠진 독에 물붓기처럼 힘겨워진다. 치매와 뇌질환으로 입원해 있는 환자의 보호자는 곁에서 간병하기 어려워 맡긴 간병인이 어르신이거나 외국인이어서 무언가 부탁하기가 어렵다. 그저 그들이 행하는 태도와 서비스의 수준에 위탁할 수밖에 없다.

장기 환자를 둔 가족은 면회 가서 자신이 직접 환자 손톱을 안전하게 깎는 것이 가장 현실적인 해결책이다. 외국인 간병 노동자 중에는 보호자가 자주 방문하는 것을 대놓고 싫어하는 이들도 있다. 국내 최대 뇌질환 커뮤니티 〈뇌질환 환자모임〉 네이버 카페의 불만 이야기방에는 간병인으로 인한 고통을 가장 많이 호소한다. 정부는 요양병원 간병 인력 구성과 간병비 문제를 해결하기 위해 적극적으로 조치해야 한다. 결국 건강보험이 간병비 부담 문제를 덜어주고, 간병 인력을 전문성과 사명감이 있는 직업군으로 만들어야만 개선할 수 있는 문제다.

사랑하는 가족이 뇌질환에 걸려 회복할 수 없을 때 보호자는 밑도 끝도 없는 고통과 마주하며 돌아가실 때까지 책임을 다하면서 자기 일상을 포기하고 허우적거린다. 경제적인 문제로 요양병원에 왔고, 간병인에게 장시간 가족을 맡기는 것 자체로 심적인 고통이 크다. 그 고통은 개인이 각자 알아서 해결해야 한다. 간병 문제는 초고령사회에서 많은 가구가 시달리고 있고 앞으로 더 심각하게 시달릴 문제다. 개인이 감당하게 놔두는 고통의 현실은 언제 그칠까?

노인이 살기 힘든 나라, 언제 벗어날 수 있을까

가난한 노인의 분포, 수도권 거주 많아
노인 세대 절반이 빈곤, 파산과 자살 방지 대책 시급

노인빈곤율은 가처분소득(전체 소득에서 이자나 세금 등을 뺀 것으로 소비나 저축에 쓸 수 있는 돈) 기준 65세 이상 노인 인구의 상대적 빈곤율을 뜻한다. 전체 노인 인구 중 소득이 중위소득 50% 이하(전체 가구 기준)인 노인의 비율이다. 2021년 37.6%였고, 2022년은 0.5% 포인트 상승해 38.1%로 OECD 회원국 평균에 비해 3배 가까이 높은 수준의 노인빈곤율을 기록했다.

한국의 빈곤한 노인의 숫자는 남성(39.7%)보다 여성(60.3%)이 많고, 65~69세인 초기 노인(26%)에 많았으며, 수도권 거주 지역에서 높게

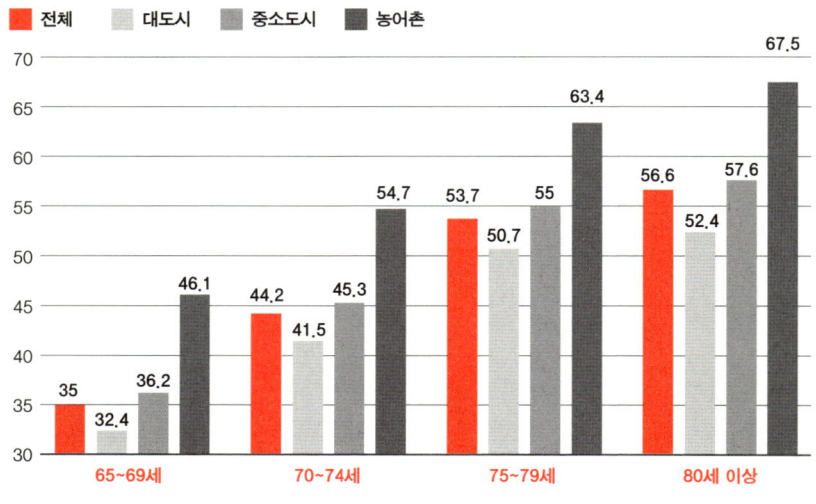

「2020년 기준 지역별 연령별 노인빈곤율(%)」 보건복지부

분포했다. 빈곤하지 않은 노인(1,797만 원)보다 빈곤한 노인은 약 천만 원가량 가처분소득(804만 원)이 낮았다.

이 통계는 사회보장에 관한 주요 시책을 심의하기 위해 국무총리 소속 하에 설치된 사회보장위원회가 조사한 〈사회보장 행정데이터〉 의 결과다. 사회보장 행정데이터는 전 국민의 20%(약 천만 명)을 표본으 로 부처별로 분산돼 있는 자료를 모아서 만든 통합데이터다. 2020년 기준의 사회보장 행정데이터로 분석한 '한국 빈곤 노인의 특성'에서 노인빈곤율은 연령이 높을수록, 지역 규모가 작을수록 높았다.

노인은 전체 인구 대비 대도시보다 농어촌에 많이 거주하고 있다. 노인빈곤율은 농어촌(57.6%), 중소도시(47.0%), 대도시(42.1%) 순으로 나타났다. 대도시 거주 65~69세 노인의 빈곤율은 32.4%, 농어촌 거주 80세 이상 노인의 빈곤율은 67.5%로 노인 안에서 연령별·지역별 특성에 따라 빈곤 격차가 달라졌다.

노인 전체의 연평균 가처분소득은 1,719만 원으로 빈곤한 노인(약 8백만 원)보다 약 천만 원 높았다. 비빈곤 노인의 가처분소득은 1,797만 원으로 전체 평균보다 78만 원 높게 나타났다. 빈곤 노인의 시장소득은 연평균 135만 원으로 심각한 수준이다. 국가 개입을 통해 7백만 원가량 평균소득이 상향하고 있으나 여전히 낮은 수준이다. 노인의 자산보유율(55.1%)은 전체보다 21.3% 포인트 높으며, 19~64세보다 18.4% 포인트 높았으며, 70~74세의 자산보유율이 58.6%로 가장 높게 나타났다.

전체 노인빈곤율은 시장소득 기준 63.1%, 가처분소득 기즌 45.6%로 노인의 절반 가까이가 빈곤 상태에 놓여 있는 상황이다. 참고로 통계청 가계금융복지조사(2020년)에 따르면, 노인빈곤율 시장소득 기준 58.6%, 가처분소득 기준 38.9%다. 사회보장 행정데이터는 사적 이전·신고 외 소득 등이 제외돼 설문 및 행정자료로 보완된 통계청에 비해 빈곤율이 5~7% 포인트 높다.

여성 빈곤율은 49.0%로 남성 빈곤율 41.2%보다 약 8% 포인트 높게 나타났다. 연령별로 초기 노인(65~69세)의 빈곤율이 35.0%로 가장 낮으며, 연령이 높아질수록 빈곤율도 상승해 80세 이상은 절반이 넘는 56.5%가 빈곤한 상태다. 기초생활보장 및 노인 기초연금 등 공적 연금 지급으로 인한 빈곤 감소 효과는 70~74세에 가장 높으며(20.1% 포인트), 80세 이상이 가장 낮았다(13.4% 포인트). 이에 대해 사회보장평가과 담당자는 연금에 대한 준비와 이해, 집중도가 70~74세에서 높기 때문이라고 전했다. 향후 80세 이상 노인의 빈곤 감소를 위한 복지 정책 마련이 시급하다.

이번 분석은 사회보장 행정데이터를 활용해 근거 기반의 정책 설계를 지원하고 국가 사회보장의 종합적 효과를 파악하는 데 방향을 제시하고 있다. 통계·행정데이터 전문위원회 이현주 위원장은 "사회보장 행정데이터는 정확성·신뢰성이 높아 사회보장 정책 기획의 근거 자료로 유용하며, 표본의 크기가 커서 여러 차원의 세부 분석이 가능하여 제도의 효과를 구체적으로 파악할 수 있다"라며, "향후 사회보장 행정데이터의 활용이 사회보장제도 발전에 기여하기를 기대한다"라고 밝혔다.

(단위: 년)

국가	도달 연도			증가 소요연도	
	고령화사회	고령사회	초고령사회	고령사회	초고령사회
한국	2000	2017	2026	17	9
일본	1970	1994	2006	24	12
미국	1942	2015	2036	73	21
독일	1932	1972	2009	40	37
프랑스	1864	1979	2018	115	39

한국의 노인 인구는 세계에서 가장 빠른 속도로 증가하고 있다. 고령화사회(2000년)에서 고령사회(2017년)를 거쳐 초고령사회(2024년)가 되는 데 24년이 걸렸다. 일본은 36년, 독일은 77년, 프랑스는 154년이 걸렸다. 미국은 우리보다 먼저 고령화사회와 고령사회에 진입했으나 초고령사회는 2036년에 진입할 것으로 예상돼 94년이 걸릴 것으로 보고 있다.

전 세계에서 가장 빠르게 노인 인구가 급증하는 한국의 노인빈곤 문제는 심각하다. 장기화하고 있는 고금리·불경기에 노인들이 가장 먼저 파산하고 있다. 법원행정처에 따르면 2023년 상반기 기준 전국 법원에 접수된 개인 파산 신청자 10명 중 4명(41%)이 60세 이상이다. 중앙자살예방센터의 2020년 통계에 의하면 인구 10만 명당 노인자살률은 48.6명으로 전체 연령 자살률 26.6명의 1.5배이며, OECD 국가 평균(18.4명)보다 약 2.9배 높게 나타나 더욱 심각하다.

노인의 성별, 거주 지역별, 나이별로 다른 빈곤율에 대해 공적연금 제도가 달라져야 할 필요가 있다. 연금소득이 충분하지 않은 현행 노후 소득보장 체제에서는 노인빈곤율을 개선하기 어렵다. 한국의 연금 소득대체율(연금 가입 기간의 전체가입자 평균소득을 현재 가치로 환산한 금액 대비 연금으로 지급하는 비율)은 31.2%로 OECD 평균치인 42.2%와 큰 격차를 보인다.

노인빈곤 문제를 해결하기 위해 전문가들은 현세대 노인과 미래세대 노인을 분리해 대응책을 마련하고, 노인의 자산 현황을 고려해 소득이 적더라도 자산을 보유하고 있는 그룹과 소득과 자산 모두가 부족한 그룹 각각에 적합한 대응이 필요하다고 강조한다. 사회보장위원회가 조사한 사회보장 행정데이터 분석과 함께 '노인이 살기 좋은 나라'로 향하는 실효성 높은 정책이 제시되길 기대한다.

한국 노인의 행복지수는
왜 이리 낮은가?

왜 한국 노인은 불행할까?
노인은 결국 나의 미래, 행복한 노인의 삶을 준비하려면...

2024년 5월 9일 오전, 전북 장수군 천천면 한 다리 인근어서 70대 노인이 노인일자리 사업에 참여해 잡초를 뽑다가 5m 아래 도랑에 추락하는 사고가 벌어졌다. 이 사고로 머리 등을 크게 다친 노인은 병원 치료를 받고 있다. 장수군 관계자는 "마을 단위로 이뤄지는 잡초 뽑기는 대개 안전모를 착용하지 않은 채 작업을 한다"며, 구체적인 사고 경위를 확인하겠다고 했다.

2022년 경기 양평에서는 노인일자리에 참여해 쓰레기를 줍던 노인이 차에 치여 숨지는 사고가 발생했다. 당시 서울행정법원은 "공익활동형 노인일자리 근무 중 사망한 경우는 산재로 인정할 수 없다"는 판

사고가 난 도랑 / 전북자치도 소방본부

결을 내렸다. 행정소송을 제기한 유족 측은 복지관의 지시에 따라 급
여를 받으며 지속적으로 일해왔다는 점에서 근로자가 맞다고 주장했
지만, 법원은 "해당 노인 공익활동은 노인이 자기만족과 성취감 향상,
지역사회 공익증진을 위해 자발적으로 참여하는 봉사활동"이라고 판
단했다. 사고를 당한 노인의 지인은 "손주들 용돈 주고, 자식들한테
조금이라도 부담 덜 되려고 시작한 노인일자리인데, 안전은 누가 지

켜 주느냐"고 호소했다. 권영국 노동 전문 변호사는, "업무 강도가 낮더라도 노무를 제공하고 그 대가로 임금을 받는 사람을 근로자가 아니라고 보는 것이 적절한 판단인지 의문이 든다"며, "노인일자리 종사자가 법적 보호장치로부터 예외가 되고 있다"고 지적했다.

2023년 11월 28일 정부는 1조 5,400억 원이던 노인일자리 예산을 올해 2조 262억 원으로 대폭 확대했고, 노인일자리를 14.7만 개 확대한 103만 개로 늘리겠다고 했다. 한국노인인력개발원에 따르면 노인일자리 안전사고는 2022년에만 1,658건 발생했다. 2018년 964건이던 안전사고는 2019년 1,453명으로 급증한 뒤, 매년 1,600명 이상이 사고를 겪는 수준에 달하고 있다. 사망사고 역시 늘어나는 추세다. 2018년 사망사고는 1건에 불과했는데, 2020년에는 10건, 2021년에는 9건이 발생했다. 사고가 잇따르지만, 노인일자리 참여자에 대한 관리 인력은 턱없이 부족하다.

한국은 OECD 국가들뿐만 아니라 아시아의 비슷한 수준의 국가들과 비교해도 노인빈곤율이 높고 행복지수가 낮다. 특히 노인자살률은 OECD에서 매우 심각하다. 소일거리로 노인일자리에 나온 이들도 있지만, 생계형 일자리가 필요한 노인이 다수다. 안전사고 예방과 대비 그리고 법적인 보호 체계마저 부실한 일자리 문제 외에도 한국의 노인 세대 좌절감은 개선의 기미가 보이지 않는다.

나이 들수록 행복감이 떨어지는 사회

통계청 통계개발원이 2024년 2월 22일 발표한 보고서 〈국민 삶의 질 2023〉의 2020년~2021년 조사 지표에 따르면, 삶에 만족한다고 답한 노년층 비율은 29.9%에 그쳤다. 아동·청소년(56.6%), 청년(41.8%), 중장년(38.0%)에 비해 낮았다. 노인의 불만족 비율은 19.4%로 아동·청소년(10.2%), 청년·중장년(17%)보다 높게 나타났다. 즉, 나이가 들면서 행복감이 떨어지는 사회가 한국 사회다. 반면에 행복지수가 높은 국가들은 은퇴 후 삶의 행복도가 올라가는 경향을 보이고 있다.

한국의 고령화는 빠르게 진행되고 있지만 노인과 관련된 여러 지표는 개선되지 않고 있다. '노인자살률'이 그중 하나다. 우리나라는 OECD 가입국 중 노인자살률이 가장 높다. 수년째 평균을 크게 웃돌며 1위 자리에 있다. 우리나라의 65세 이상 고령 인구 비중은 2025년 20.6%, 2035년 30.1%, 2050년 40.1%로 예상하고 있다. 지금의 30~40대가 고령 인구가 될 때쯤이면 국민 5명 중 2명이 노인이다. 더 늦기 전에 사회 구성원 모두가 노인의 삶의 질, 빈곤, 자살 문제에 관심을 가져야 한다.

통계청에 따르면, 노인의 극단적 선택 수는 2016년 3,615명, 2017년 3,372명, 2018년 3,593명이다. 자살률(인구 10만 명당 극단적 선택 수)이 줄어들고는 있으나 다른 나라와 비교하면 높다. 연령대별 노인 자살률은 60대 33.7명, 70대 46.2명, 80세 이상 67.4명이며, OECD

평균(60대 15.2명, 70대 16.4명, 80세 이상 21.5명)보다 2.2배, 2.8배, 3.1배나 높다. 2위인 리투아니아(60대 29.8명), 슬로베니아(70대 35.2명, 8C세 이상 58명)는 물론, 초고령사회에 접어든 지 오래인 일본, 이탈리아와도 꽤 차이가 난다.

노인 극단적 선택의 원인은 다양하면서도 복잡하다. 가족구조 변화와 은퇴 후 사회적 역할 축소와 상실, 배우자 사망, 죽음에 대한 두려움, 신체기능 저하, 경제력 감소 등 노년기에 맞닥뜨리는 여러 변화와 문제가 우울, 외로움, 고립감, 자괴감 등을 일으킨다. 이러한 고충들이 해소되지 않고 각자도생하면서 삶의 의욕이 떨어지고 살아야 할 이유마저 잊는다. 특히 노인은 높은 치매 유병률로 인지능력이 저하되면서 감정 조절 능력, 판단력 등이 떨어져 부정적인 감정을 더 크게 느끼고, 충동성·공격성이 증가해 극단적인 방법으로 상황을 해결하려 할 위험이 크다. 살아갈 날이 많이 남지 않았다는 생각에 문제를 심각하게 받아들이지 않거나, 근본적인 문제 해결 노력 없이 음주를 일삼으며 현실을 회피하는 행동도 노인의 극단적 선택 위험을 높이는 원인이다.

더 늦기 전에 은퇴, 사별, 질병 등 삶의 의욕이 떨어진 다양한 원인의 노인 세대에게 삶의 의미를 찾게 해주는 정책이 무엇일지 고민해야 한다. 공공 일자리 사업만 해도 공급 계획은 발표하지만, 사고 예방 측면의 인력 투자는 부실하다. 노인에게 삶의 의미를 찾아주려면 무엇부터 보강해야 할까. 전문가들은 주변인이 해줄 수 있는 가장 좋은 일로 '대화'를 들었다. 노인과 소통하기 위해서는 노인에게 맞는 대화법이 필요하다.

주관적 웰빙 수준에서 본 노인 인구의 낮은 만족도

노인에 대한 이해를 위해 우선 '주관적 웰빙' 수준의 변화를 살펴보자. OECD의 삶의 질 측정과 관련해 반드시 포함해야 하는 권고 사항이 '주관적 웰빙'이다. 〈세계행복보고서〉에도 주관적 웰빙을 측정해 제시하도록 하고 있다. 주관적 웰빙은 삶의 질을 총괄해서 사회 구성원이 삶의 전반에 대해 스스로 느끼는 바를 요약한 것이다. 장기적인 삶의 만족도(자신의 삶을 회고할 때 얼마나 만족하는가), 단기적인 긍정, 부정 등 정서 경험, 그리고 자기 일에 대한 만족감인 '유데모니아(Eudaimonia)'가 주관적 웰빙의 지표다.

통계청이 발간한 〈한국의 사회동향 2023〉에서 "주관적 웰빙 영역의 주요 동향"(한준 연세대 사회학과 교수)에 따르면, 2013년에 삶의 만족도가 높은 집단은 20대였고, 가장 낮은 집단은 50대였다. 연령이 높을수록 만족도가 낮았다. 2018년에는 30대의 만족도가 가장 높게 나왔고, 60대가 가장 낮았다. 2022년에는 40대가 가장 높았고, 20대가 가장 낮았다. 2013년의 20대는 삶의 만족도가 가장 높았지만, 2022년의 20대는 가장 낮게 나타났다. 삶의 만족도가 가장 낮은 집단을 정리하면 2013년은 50대, 2018년과 2022년은 60대 이상(2022년은 20대도 근소하게 낮음)이었다.

주관적 웰빙에 영향을 주는 요소는 긍정적 정서 경험이 늘어나고, 부정적 정서 경험이 줄어드는 것이다. 2013년 행복감 경험 비율이 가장 높은 집단은 20대이며 가장 낮은 집단은 50대였다. 2022년은 행복감 경험 비율이 높은 집단이 30대, 낮은 집단이 60대 이상이다.

주관적 웰빙은 객관적 현실뿐 아니라 사회 구성원의 주관적 의식이나 가치와 밀접하게 관련돼 있다. 그래서 사회 구성원이 현실이나 상황을 이해하고 해석하는 틀을 제공하는 것이 필요하다. 현실 속 자신을 긍정적으로 평가하는 것이 핵심이다. 한국은 주관적 웰빙의 수준이 객관적 현실의 수준에 비해 낮게 나타난다. 즉, 경제 수준은 높아졌으나 주관적 웰빙의 수준은 그에 따라가지 못하고 있다.

또한 집단주의에 비해 개인주의가 주관적 웰빙에 긍정적 영향을 미치는데 한국은 집단적 압력이 강한 사회다. 2013년에 공동체 이익 대비 개인주의 비율이 가장 높은 연령대는 20대(14.8%)였고, 가장 낮은 연령대는 50대(11.2%)였다. 2022년에는 20대가 26.9%, 60세 이상이 19.4%로 상승해 60세 이상의 증가폭이 높아졌다.

공동체주의가 지배적인 사회에서 자기 뜻대로 삶을 영위하며 만족도 높은 구성원은 개인주의 성향이 강해야 하는 것으로 분석된다. 대부분의 연령대가 자유로운 결정 비율이 높아졌지만, 특히 자기 삶의 결정을 자유롭게 한다는 응답이 높은 연령대가 40대였다. 2015년엔 40대가 가장 낮았는데 2022년엔 가장 높았다. 반면 60세 이상은 삶의 자기 결정권에 자유롭다는 응답 비율이 가장 낮았다. 60세 이상의 삶의 만족도가 낮은 이유가 여기에 있다. 20대는 개인주의를 중시하지만, 현실에서는 개인주의를 실현할 자유를 누리지 못하고, 60대는 현실에서 누릴 수 있어도 개인주의를 도외시한다.

한국은 주관적 웰빙 수준이 2013년 이후 높아지고 있지만, OECD 국가뿐만 아니라 아시아의 비슷한 나라들에 비해서도 낮은 수준이다. 특히 청년과 노인의 주관적 웰빙 수준이 낮다. 긍정적 정서 경험인 행복감에서도 마찬가지다. 세대교체에 따른 베이비붐 세대의 노인화 및 MZ세대의 성년화에서 나타나는 현상들을 유념해야 한다.

먼저 초고령사회가 된 일본의 이웃 연대 문화

우리보다 14년 일찍 초고령사회가 된 일본의 노인은 한국보다 행복지수가 높은 것으로 알려졌다(《2023 세계행복보고서》, 일본 47위 6,129점, 한국 57위 5,951점). 일본은 세계 최초의 '노인대국'으로 2010년 초고령사회에 진입했다. 자연스레 노인학도 발달해 일본의 노인학 연구자는 300~400명에 달한다.

　일본 노인학의 권위자 곤도 야스유키 오사카대 교수는 "120세 시대를 맞아 고령화 접근 방식을 완전히 바꿔야 한다"고 조언했다. 일반적인 인식과 달리 노화와 행복감은 반비례 관계가 아니며 고령화는 지방보다 도시가 더 심각한 문제라고 지적했다. 일본은 노화가 본격화하는 60대에 접어들면서 행복감이 떨어지지만 80세를 넘어서면서 건강 여부와 상관 없이 행복감이 다시 높아졌다. 곤도 교수는 "노화를 인정하는 대신 행복의 기준을 바꾼 결과"라고 분석했는데, 그 행복의 기준을 이끄는 중요한 요인이 가족·이웃과의 연대감이다. 일본은 마을마다 축제 문화가 활성화돼 있고 노인의 옥외 활동을 돕는 다양한 프로그램이 구축돼 있다.

노인이 고립되면 고독감으로 쉽게 정신적 신체적 건강이 무너진다. 특히 사교 활동이 끊어진 상태에서 치매는 발병 후 빠르게 중증으로 악화한다. 그래서 주변인과 연대감이 약한 도시의 고령화 문제가 노인의 불행을 촉진한다. 일본은 도시로 몰려든 사람들의 고령화가 진행되면서 일찍이 고독사가 사회문제가 됐다. 곤도 교수는 한국의 도시 고령화 문제는 매우 심각할 것으로 우려하며, 서울 집중화를 완화하고 은퇴 후 계속 일하는 환경을 만드는 게 중요하다고 조언했다.

성장과 속도보다 존중과 이해

한국은 노인의 빈곤과 고독, 불행감 외에도 사회 전반에 우울과 자살률, 저출산 문제가 심각한데, 그 이유는 초고도 성장, 급속한 산업화와 현대화에 있다. 한국 사회는 단기간의 고도 성장, 치열한 경쟁 가속화에 내몰리며 자연스럽게 상대적 계급이 생성돼 있다. 모두가 힘들게 살던 시대와 달리, 자본 계급에 따른 상대적 박탈감으로 다수의 사회 구성원이 낮은 자존감에 시달린다. 이단과 사이비 종교가 창궐하는 이유도 여기에 있다. 경쟁의 고단함으로 결혼하지 않고, 아이를 낳지 않으며, 노인이 돼 생산성이 사라지면 행복지수가 추락한다.

성장 과정에서 속도를 따라가지 못한 사람은 소외시키고 쓸모없는 존재로 치부했다. 그중 대다수가 노인이다. 게다가 대부분은 은퇴 이후의 삶이 경제적·사회적으로 준비되어 있지 않고, 이를 뒷받침할 연금과 복지체계 등 시스템이 빈약하기에 행복하지 못하다고 할 수 있다. 노인 스스로도 부정적인 감정과 생각에서 벗어나 삶의 의미를 찾아야 한다. 자책하거나 우울감에 빠지지 말고 주변 배우자, 동네 주민들과 어울려 지내도록 지자체가 적극적으로 노인의 사회성 강화를 위한 프로그램을 마련해야 한다. 도움이 필요할 때는 손을 내밀고, 노인 또한 젊은 세대를 존중하고 이해하려고 노력하며 융합해야 한다. 노인을 존중하고 즐거운 대화 상대로 여기는 사회 전반의 분위기 개선이 필요하다.

노인 전문가들은 국가가 노인 관련 시설을 강화하고 프로그램을 홍보하고 접근성을 높이는 것이 중요하다고 말한다. 노인이 건강하고 행복한 사회가 우리 모두가 행복한 사회다. 노인은 결국 나의 미래이기 때문이다.

7만 원 쇼핑을 한 치매 환자를 보고
생각이 바뀐 도시

후쿠오카시, "치매 환자도 소비자 중 한 명"
도시 행정과 상점이 알아차린 경제 효과

후쿠오카시는 2018년부터 치매에 걸려도 익숙한 지역에서 안심하고 살아가는 도시를 목표로 '치매 친화 도시 프로젝트'를 시작했다. 이 프로젝트는 산업계, 관청, 학계, 민간이 함께 치매에 걸려도 자기 존엄성을 유지하며 살기 위한 방안을 고민하고 실행을 목표로 한다. 컨소시엄 '후쿠오카 오렌지 파트너스' 등을 결성해 치매 환자의 일상을 지원하는 다양한 정책을 전개해 왔다.

후쿠오카 오렌지 파트너스에는 현재 약 110개의 단체와 조직이 참여하고 있다. 파트너스의 제품과 서비스 개발에 치매 환자가 직접 참여해 의견을 전달하는 '오렌지 인재뱅크'도 함께 창설해 운영한다. 현재 치매 환자 21명과 5개 단체가 등록돼 있다. 참여 기업과 단체는 "자원봉사로 협력하지 말고 치매 환자를 실제 고객으로 생각하고 참여해 달라"고 당부한다. 어디까지나 치매 환자와 기업 모두의 이익을 추구하는 '윈윈'의 관계 구축이 목적이다. 이러한 노력으로 후쿠오카시가 주최하고 치매를 주제로 한 산-관-학을 연결하는 '넥스트 미팅'이 2019년부터 시작해 매년 6회를 열고 있다. 2023년 주제는 '기술로 사회와 사람을 소프트하게 UPDATE!'였으며 60여 명의 기업 관계자와 치매 당사자들이 모여 치매 친화 가스레인지의 출시를 기념하는 행사를 열었다.

후쿠오카시, 가스 기구 회사 린나이(Rinnai), 원예용품 호사 '웰조(welzo)' 이 세 곳은 도대체 어떤 관계가 있을까? 2024년 5월 27일 '넥스트 미팅'에서 가스레인지의 출시 기념 행사에 앞치마 증정식이 있었다. 이 가스레인지의 개발은 2021년 후쿠오카시가 실시한 치매 환자의 희망을 실현하는 프로그램 '즐겁게 요리 편'이 계기가 됐다. 치매 환자가 실제로 요리를 체험하는 행사였는데, 가스레인지를 사용할 때 치매 환자로부터 "점화 버튼과 조작 패널이 같은 계열의 색상으로 판단하기 어렵다", "불을 붙일 때 어디를 누르면 되는지 알기 어렵다", "생선 마크가 없어서 그릴이 어디인지 알 수 없다"는 등의 의견이 나왔다.

가스레인지 개발을 주도한 영업본부 매니저 타카하시 아카타카시

치매에 걸려도 좋아하는 요리를 할 수 있는 가스레인지 / 치매와 함께하는 웹미디어 nakamaaru.asahi.com

는 "위험하다고 해서 고령자들이 가스를 끊고 전기 기구로 바꾸면 가스 회사의 존폐가 걸린다고 생각했다. 어떻게든 치매 환자를 위한 가스 기구를 개발하고 싶었다. 가스는 화력이 강하고 장점도 많다. 그래서 20년 동안 인연을 맺어온 린나이 규슈 지사에 상담을 요청했고, 흔쾌히 승낙해 주었다"라고 가스레인지 개발의 계기를 설명했다. 치매 친화 가스레인지 제안을 받은 린나이는 곧바로 후쿠오카 오렌지 파트너스에 참여했다. 이후 첫 테스트 모델을 개발해 총 4회에 걸쳐 100명 이상의 치매 환자와 가족에게 가스레인지를 실제로 사용하도록 하고 사용 후기를 조사했다. 치매 환자와 가족의 사용감 조사를 통해 "기능이 뛰어나다고 해서 반드시 모든 사람이 사용하기 쉬운 것은 아니다", "조작이 어렵다면 안전에 영향을 미친다"는 데이터를 수집했다. 이러한 의견을 반영해 사각형의 큰 조리구를 만들어 화염이 잘 보이게 했고, 선명한 색상으로 조작이 쉬우며, 음성 가이드가 있어 치매 어른이 요리하기 편한 빌트인 쿡탑 'SAFULL+'를 2024년 2월에 출시했다.

후쿠오카 오렌지 파트너스 참여 기업 웰조는 치매 환자를 위해 끈으로 묶지 않고도 착용할 수 있는 앞치마를 개발했다. 원래는 원예 작업용으로 만든 것이지만, 요리에도 사용할 수 있는 이 앞치마를 치매 환자와 가족들에게 증정했다. 이어진 세미나에서 게이오대학교 대학원 건강관리연구과 교수이자 '치매 미래공생허브' 대표인 호리타 사토코, '후쿠오카시 의료법인 스즈란카이 타로클리닉' 원장이자 치매 전문의 우치다 나오키, 가정과 사무실용 로봇을 개발하는 '유카이 엔지니어링' CEO 아오키 슌스케 등이 치매 환자가 참여하는 제품과 서비스를 개발하는 '오렌지 이노베이션 프로젝트'를 설명하고 적극적인 참가를 당부했다.

치매 환자 친화적인 활동이라고 해도 이윤을 추구하는 기업으로서는 이익을 찾지 못하면 움직이기 어려운 것이 현실이다. 후쿠오카시 치매지원과 야노 쿠니히로 과장이 재미있는 에피소드를 들려주었다.

2020년 후쿠오카 오렌지 파트너스와 오렌지 인재은행에서 실시한 '치매 환자의 희망을 실현하는 프로그램'에서 "외출해서 식사와 쇼핑을 하고 싶다"는 요청이 들어왔다고 한다. 그래서 한 명의 치매 환자가 후쿠오카시 주오구에서 버스를 타고 히가시구의 쇼핑센터로 가서 쇼핑하고 돌아오는 프로그램을 기획했다. 그때 치매 환자가 8,000엔 (한화 약 7만 원)의 쇼핑을 했다. 쇼핑센터 입장에서는 "치매 환자도 쇼핑하는 고객이다"는 것을 알게 됐고, 후쿠오카시는 "치매 환자가 한 걸음 밖으로 나가 쇼핑을 즐기도록 하는 것이 지역 경제에 도움이 되고, 치매 진행과 예방에 효과도 있다"는 사실을 발견했다. '치매 환자=소비자 중 한 명'이라는 사실을 모두가 깨달은 것이다. 치매 환자는 아무것도 할 수 없는 사람이 아니다. 치매 환자를 소비자로 인식하는 것이야말로 공생사회로 가는 지름길임을 생각하기 시작했다.

이 외에도 후쿠오카시에서는 '치매 친화 디자인 가이드'를 만들었고, 치매 커뮤니케이션 케어 기법 '휴머니튜드(Humanitude)'의 계발과 보급에 힘쓰고 있다. 치매 친화 디자인은 하카타구청 신청사나 민간 간호 소규모 다기능형 재택 개호시설 '향풍관(후쿠오카시 히가시구)' 등 시내 52개 시설에 도입돼 있다. 바닥과 벽에 대비를 주고, 안내 표시는 픽토그램(Pictogram, 인포그래픽의 한 갈래로 어떤 대상이나 장소에 관한 정보를 알리기 위해 문자를 사용하지 않고도 이해할 수 있도록 조합한 그림 문자)을 병기해 한눈에 어떤 시설인지 쉽게 알 수 있도록 했다. 디자인 도입에 있어서 치매 환자

후쿠오카시의 '치매 친화 디자인 가이드'에 따라 화장실 기호를 바꾼 사례 / Japan Sign Desing Association

들의 의견을 청취했고 치매 친화 디자인 분야에서 세계적으로 유명한 영국 스털링 대학교의 연구 결과를 참고했다.

2023년 9월에 오픈한 이 프로젝트의 거점 시설인 '후쿠오카시 인지증(치매) 프렌들리 센터'는 후쿠오카시 치매 시책의 쇼케이스라고 할 수 있는 시설이다. 치매 관련 서적이 비치돼 있고, AR(증강현실)을 이용해 치매 환자의 시각 감각을 가상으로 체험할 수 있는 코너도 있다. 화장실에 가면 벽과 문이 남성은 파란색, 여성은 빨간색, 배리어프리(Barrier-free, 장애인 및 노인 등 사회적 약자들이 편하게 살 수 있게 물리적인 장애물, 심리적인 벽 등을 제거하자는 운동 및 정책)는 녹색으로 구분돼 있어 치매 환자는 물론 일반인도 한눈에 알아볼 수 있는 표시로 편리하다.

휴머니튜드는 프랑스에서 고안된 케어 기법으로 치매 환자를 돌보는 과정에 인간다움을 회복한다는 철학에 기초한다. 치매 환자와의 적절한 의사소통을 통해 행동심리증상(BPSD, Behavioral and Psychological

Symptoms of Dementia)과 스트레스를 감소시키는 효과가 확인됐다. 후쿠오카시에서는 전문직은 물론 구급대원, 가족 간병인, 초등학생과 중학생 등 다양한 계층을 대상으로 지금까지 약 260회의 치매 바로 알기 강좌를 실시해 총 1만 명 이상이 수강했다.

또한 2024년 4월에는 복지국 내에 치매 전문 부서로 '휴머니튜드 추진부'가 창설됐다. 야노 과장은 "전국적으로도 드문 이름이라고 생각하지만, 이는 후쿠오카시가 휴머니튜드를 비롯한 치매 시책을 시민들에게 널리 알리고자 하는 마음에서 비롯된 것이다"라고 말했다. 이처럼 치매에 관심이 높은 도시 후쿠오카는 치매와 함께 사는 도시로서 초고령사회에 대응하고 있다.

죽음을 준비하는 활동
'엔딩노트'의 긍정 효과

남은 생을 의미 있게 살기 위한 기록물
사후에 가족에게 부담 주지 않고 사랑을 전하는 정리 노트

2011년 일본 다큐멘터리 영화 〈엔딩노트〉가 개봉됐다. 가족을 주제로 한 영화를 많이 찍어 우리나라에 팬덤이 형성된 고레에다 히로카즈가 제작을 맡았고, 이와이 슌지의 조감독 출신인 스나다 마미가 자신의 아버지를 직접 촬영했다. 개봉 초기 2개 관에서 상영했지만 입소문을 타고 흥행에 탄력이 붙자 상영관이 늘어나 다큐멘터리 영화로는 이례적으로 20만 명이 관람했다. 영화는 일본 사회에 '엔딩노트 쓰기' 열풍을 일으켰다.

이 다큐멘터리 영화의 줄거리는 회사에서 정년 퇴임을 한 뒤 위암 판정을 받은 스나다 도모아키(69세)가 죽음을 준비하는 과정이다. 그

일본 다큐멘터리 영화 〈엔딩노트〉, 한국 2012년 개봉 포스터

는 도쿄올림픽이 열린 1964년 도쿄에 본사를 둔 회사에 입사해 43년을 근무하며 성실하게 살았다. 67세에 은퇴한 후 여유로운 생활에 들어서자마자 말기 암 판정을 받는다. 예상치 못한 시한부 선고 앞에서 슬퍼하기보다 담담하게 죽음을 받아들이며 '엔딩노트'를 작성한다. 그는 엔딩노트에 '평생 믿지 않던 신을 믿어보기', '평생 찍지 않던 정당에 표 한 번 주기', '일만 하느라 소홀한 가족들과 여행 가기', '장례식 초청자 명단 작성', '아내에게 사랑한다 말하기' 등 11가지 버킷리

스트를 작성하고, 가족들과 소중한 추억을 쌓는다. 죽음을 잘 준비하는 것이 그의 인생 마지막 프로젝트였다.

영화의 감독과 편집, 촬영을 모두 막내딸이 맡았다. '엔딩노트'가 채워질수록 가족들과 이별의 시간이 가까워졌다. 죽음에 거의 이르러 의식이 가물가물한 시기에 손녀들이 오자 기적적으로 의식을 찾고 이야기를 나눈다. 그가 가족을 얼마나 사랑하는지를 보여준 장면이다.

일본은 죽음 전후를 준비하며 인생을 마무리하는 활동을 '종활'이라 부른다. 종활의 하나로 엔딩노트를 적는 사람이 많다. 야후재팬에 엔딩노트(エンディングノート)를 검색하면 2,591건의 상품이 뜰 만큼 다

일본에서 판매 중인 엔딩노트들 / 야후재팬 검색 캡처

양한 엔딩노트 관련 제품이 판매 중이다. 자신의 정보와 재산 상황, 가족에 대한 생각, 여생에 하고 싶은 것 등을 이 노트에 적는데, 유언서보다 부담 없이 작성할 수 있다는 강점이 있다.

엔딩노트와 유언서의 차이는 법적 효력이 있는지에 있다. 유언서는 법적 효력을 지니며 형식이 확실히 정해져 있다. 따라서 형식에 어긋나는 유언서는 무효다. 엔딩노트는 법적 효력이 없고 자신의 재산 분할 등에 대해 강제할 수는 없지만, 종활의 중요한 요소로 인생을 정리하면서 자기 뜻을 가족과 공유하는 역할을 한다. 형식에 얽매이지 않고 자신이 쓰고 싶은 것을 자유롭게 남겨두는 것이 매력이다. 또 유언서의 작성에는 높은 비용이 들지만 엔딩노트는 부담이 없다.

자신에게 죽음이 찾아왔을 때를 대비해 다양한 정보를 정리해 두는 노트이므로, 일반적으로는 사후에 가족이 곤란하지 않도록 재산이나 계좌에 관한 금융기관 정보, 장례 등에 관한 희망 등을 적는다.

엔딩노트의 이점

쓰는 목적에 따라 다양한 엔딩노트가 있지만 주요 이점은 크게 두 가지다.

자신의 사후에 가족의 부담을 완화하는 것

안심하고 남은 인생을 보낼 수 있다는 것

금융기관 계좌나 생명보험의 담당자 연락처, 그 외의 재산 상황 등을 기재해 두면, 가족이 필요한 조치를 하기가 편하다. 예금 통장이나 보험 증권 등을 찾는 수고를 없애고, 원활하게 사후 절차를 진행할 수 있다. 가족이라도 세세한 것은 모르는 경우가 많다. "누구에게 연락하면 좋을까", "장례의 형식과 묫자리는 어떻게 정해야 좋을까?" 등 생전의 정보와 바라는 바를 모르면, 유가족은 고민에 빠진다. 중요한 연락처, 장례식에 관한 희망, 준비 사항 등이 적힌 엔딩노트는 남은 가족에게 큰 도움이 된다.

또한 자신이 신경 쓰는 다양한 바를 가족에게 전하는 것으로 심리적 평안을 얻는 효과가 있다. 엔딩노트를 쓰면서 재산 상황을 확인할 수 있고, 지금까지 인생에서 남긴 일과 앞으로 하고 싶은 일을 적어 보는 것은 심리적 안정에 도움이 된다. 가족과 친한 사람에 대한 감사 표현을 적어 보고, 남은 삶을 계획적이고 충실한 시간으로 보내게 하는 엔딩노트는 그 효과가 커서 일본은 여러 출판사가 다양한 종류를 출간하고 있다.

엔딩노트의 목차를 보면 개인사, 개인정보, 가족 정보, 의료 정보, 보험 정보, 재산 정보, 간호 희망, 장례 희망 사항, 유품 정리, 디지털 정보, 전하고 싶은 말 등으로 구성돼 있다. 최신 엔딩노트에는 기르는 애완동물 정보(건강, 중성화 유무)까지 남겨 요양시설에 들어간 뒤 유기되지 않도록 하고 있다.

엔딩노트에는 무엇을 쓰는가

엔딩노트에 쓰는 내용에 "이것을 써야 한다", "쓰지 말아라"라는 결정이나 제한은 없다. 만약 무엇을 쓰면 좋은지 감을 잡을 수 없다면 일단 자신의 가족과 소중한 사람에게 전하고 싶은 것과 자신이 남은 인생에 하고 싶은 것을 써 본다. '엔딩'을 '끝'이나 '종국'으로 파악해서 사후에 가족에게 보여주는 노트라고 생각하는 사람도 있지만, 엔딩노트는 치매 등으로 자기 의사를 전하기 어려워졌을 때 큰 도움이 된다. 그래서 지금까지 경험한 바를 의식하면서 항목을 구성하는 것이 현명하다.

엔딩노트에 써 두면 좋은 내용으로 6개의 항목을 추천한다.

1. 평소 신경 쓰는 일상의 요인들

평상시 사용하고 있는 스마트폰이나 PC 계정, 애완동물 등 신경을 많이 쓰는 일이나 해약 절차 등에 대해 써 둔다. 특히 스마트폰이나 PC에는 개인을 식별할 수 있는 정보가 많이 저장되어 있으니 사용하지 않는 정보가 안이하게 처분되지 않도록 삭제나 해약·해제 등의 절차를 밟도록 자료를 남긴다. 아래와 같은 정보를 기재해 두도록 한다.

* 스마트폰이나 컴퓨터에 로그인 정보

* 등록하고 있는 웹사이트의 ID·비밀번호

* SNS 계정 ID 및 비밀번호

* 온라인 계좌**(금융기관명)**

* 전자 화폐 앱

* 음악, 동영상, 전자책 등 유료 서비스

* 사진, 동영상, 주소록의 저장 데이터 등

2. 상황 발생 시 연락처

위급 상황이 발생했을 때 연락할 수 있는 지인 연락처나 연락의 방법**(전화 번호·이메일·커뮤니케이션 앱 등)**을 기재해 놓는다.

* 친구·지인

* 참가하고 있는 협회나 단체 등

* 직장이나 비즈니스 파트너 등

* 계좌나 계약이 있는 금융기관 등

3. 의료 및 돌봄의 희망사항

중병으로 의사 표현이 어려운 상황을 대비해 완화 치료나 연명 처치를 하고 싶은지, 돌봄은 집이나 시설의 어느쪽을 희망하는 지 등 의료와 돌봄에 대한 희망을 써둔다. 가입하고 있는 보험사들의 정보**(보험회사, 상품명, 보험증권을 두는 장소 등)**도 남겨둔다.

4. 장례식에 대해

장례식의 형식이나 규모, 부르고 싶은 사람 등을 쓴다. 또한 경조 회사의 회원제도(**적립금 등**)를 이용하고 있는 경우 해당 정보도 기재해 두면 안심이 된다. 산소에 대한 희망이나 정보도 적어두면 가족이 헤매지 않아도 되므로 불안이 경감된다.

5. 재산 상황

소유하고 있는 재산의 일람을 기재해 두면, 유산 분할이나 상속세 신고 처리에 도움이 된다. 덧붙여 차입금이나 신용 카드, 전자 화폐에 관한 정보도 기재해 둔다.

* 예금 및 증권 계좌(금융기관명)

* 보험 계약

* 부동산(소재지)

* 자동차

* 귀금속

* 대출 및 신용 카드 등

6. 후견인 정보

후견인이 있으면 이에 대한 정보도 기재해 둔다.

엔딩노트의 주의점

엔딩노트 작성에 주의할 점으로 다음 세 가지를 유념해야 한다.

1. 법적 효력 없음

앞서 언급했듯이, 상속과 재산 처분에 대한 희망 사항을 쓰는 경우도 있지만, 엔딩노트는 유언서와 같은 법적 효력이 없다. 어디까지나 기록한 사람의 희망만 참고되므로, "○○**(특정의 재산)**을 △△**(특정의 사람)**에게 계승해 주었으면 한다"라고 하는 내용을 기재해도 실제로 상속할 수 있는 것은 아니다.

또 재산 내용에 따라서는 지명된 사람이 곤혹스럽거나, 다른 상속인의 불만이 모여 싸움의 불씨가 될 가능성도 있다. 엔딩노트에 기록된 부담스러운 내용 때문에 실제 상속의 분쟁으로 이어지면 곤란하므로 엔딩노트가 유언서의 역할을 커버하지 않는다는 것을 이해해 두는 것이 중요하다.

엔딩노트와 유언서는 작성 요건에 차이가 있다. 자유로운 형식의 엔딩노트와 달리 유언서는 유언의 내용, 유언의 작성일자, 유언자의 날인 등이 필수 요건이다. 또한 유언서는 사망 시 효력이 발생한다. 엔딩노트의 경우 이러한 요구 사항이 없고, 확인 시기도 생존과 사후 등 열려 있다. 보관이나 열람의 장소, 열람 방법도 자유롭다. 법적 효력이 없으므로 유언서를 대체하지 못한다. 법적 효력을 요구하는 경우는 엔딩노트가 아닌 유언서로 해야 한다.

2. 보관 장소 주의

엔딩노트에는 패스워드나 인감, 통장의 보관 장소 등 생존 중에 제삼자에게 알려져서는 안 되는 정보를 정리해 기재할 수 있다. 제삼자가 훔쳐 보고 도난이나 사기 피해를 당할 위험이 없도록 정보 유출에 유의해야 한다. 따라서 엔딩노트의 보관 장소나 보관 방법에는 세심한 주의가 필요하다.

3. 엔딩노트의 존재를 알려야 한다

엄중하게 보관하는 것은 중요하다. 가족에게 엔딩노트의 존재를 미리 알려두어야 한다. 엔딩노트의 의의는, 자신의 병이나 사망 등에 직면했을 때 가족이 당혹스러워하지 않도록 부담과 불안을 경감시키고, 자신의 희망이나 가족에 대한 감사를 전하는 데 있기 때문이다. 뜻을 가지고 작성해 두었는데, 전하고 싶은 상대가 엔딩노트의 존재를 모르고 있고, 결과적으로 전하고 싶은 정보나 마음이 사장된다면 의미가 없다.

엔딩노트를 쓰기 시작한 세대는 1947~1949년 출생의 일본 베이비붐 세대다. 일본 언론에 따르면 종활 산업의 규모는 2022년 기준 연간 5조 엔(약 50조 원)에 이르는 것으로 추산된다. 엔딩노트는 2019

년 2월 말 기준 135만 부를 돌파했다. 구매층은 20~50대 35%, 60대 28.7%, 70~80대 32.4%로 종활의 의식이 높은 고령자의 구대가 대부분이지만, 젊은 세대의 구매도 적지 않다.

웰다잉 문화가 확산하는 우리 사회에 일본의 이러한 엔딩노트 문화와 죽음을 준비하는 활동은 초고령사회로서 중요한 모델이 될 수 있다. 나이 들어 자기 인생을 정리하고 사후 절차를 예비하는 것은, 여생을 정리하는 단계에서 꼭 필요할 뿐 아니라 심리적 불안감을 줄이고 남은 인생을 의미 있게 보내는 데 도움이 된다.

노인 연령 기준
상향 이슈와 논점

내가 생각하는 노인 나이는 71.6세
노화의 다차원성 반영 및 전 세대 합의 도출 정책 필요

급격한 고령화 진행과 평균수명 증가로 백세시대를 염두에 둔 정책 설계가 필요하다는 논의가 계속되면서 노인의 연령 기준을 상향 조정하자는 의견이 일고 있다. 2024년 10월 21일 제19대 대한노인회 회장에 취임한 이중근 회장은 "노인 연령을 75세로 연간 1년씩 단계적으로 상향 조정해 노인 인구를 2050년에도 1,200만 명 정도로 유지하도록 정부에 건의하겠다"고 전했다.

이와 관련해 10월 22일 한덕수 국무총리는 정부세종청사에서 가진 기자간담회에서 "전날 이중근 대한노인회장의 '법적 노인 연령 75세 상향' 제안과 관련해 연세 드신 분들을 얼마나 활용할지가 성장 잠재력을 높이는 데 굉장히 중요하다"고 밝혔다. 한 총리는 "그런 문제를 당사자인 노인회가 제기한 것은 굉장히 잘 검토해야 할 필요가 있으며, 노인회가 지적한 분야를 신중하고 중요한 아이템으로 보고 검토해 나갈 것"이라며, "사회 전체 의견을 고려해 합의를 이뤄야 하는 분야"라고 강조했다. 관련하여 오세훈 시장 또한 '새로운 미래를 여는 첫걸음'이란 제목으로 페이스북에 "초고령화, 초저출생으로 인한 인구절벽 상황, 1,000만 어르신을 대표하는 노인회가 먼저 손을 내밀어 주셨다는 점에서 감사의 말씀을 전한다"며, "유례없이 빠른 속도로 고령화가 진행되며 의료, 연금, 요양 등 복지 수요가 급증하고, 부양할 생산가능인구는 급감하는 등 미래 세대의 부담이 감당할 수 없는 수준에 이르고 있다"고 썼다.

국민연금 수급 개시 연령은 출생연도별로 점진적으로 상향 중이며, 2024년 기준 1969년생부터 65세가 된다. 이에 따라 정년과 연금 사이의 소득 공백을 메우려는 움직임이 지자체와 정치권에서 본격화되고 있다. 대구시는 2024년 10월 22일, 본청 및 산하 사업소 공무직 근로자 412명의 정년을 60세에서 최대 65세까지 단계적으로 연장하겠다고 밝혔다. 국민의힘은 법정 정년을 최소 63세로 상향하는 방안을 검토 중이고, 더불어민주당 의원들은 정년을 65세까지 연장하는 개정안을 발의했다.

정년과 연금제도의 변화는 단순히 제도의 문제가 아니라, 노인을 사회에서 어떤 위상으로 규정할 것인지와 직결된다. 나아가 우리 사회에서 통용되는 연령 범주와 연령 규범이 과연 적절한지, 정책 대상자를 구분하는 기준으로서 65세라는 나이가 타당한지에 대한 논의로 이어진다. 따라서 노인의 정의를 어떻게 설정할 것인지에 대한 균형잡힌 논의가 필요하며, 과거부터 이어져 온 논점을 정리하고 고령 정책 제도의 방향에 맞는 기준을 찾아야 한다.

우선 3년마다 발표하는 보건복지부의 〈2023년 노인실태조사〉에 따르면 '노인이라고 생각하는 연령' 기준은 평균 71.6세로 나타나 2020년 70.5세 대비 1.1세 상승했다. 이 조사에서 소득·자산 및 교육 수준이 높은 새로운 노년층의 등장을 강조했다. 2020년 대비 스마트

「노인 연령 기준에 대한 생각 / 2023년 노인실태조사 결과 발표」보건복지부

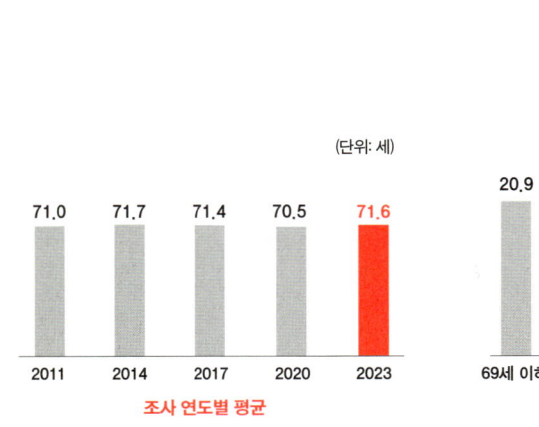

(단위: 세)

71.0 71.7 71.4 70.5 **71.6**

2011 2014 2017 2020 2023

조사 연도별 평균

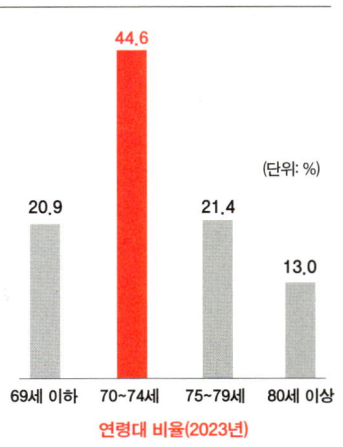

(단위: %)

44.6

20.9 21.4 13.0

69세 이하 70~74세 75~79세 80세 이상

연령대 비율(2023년)

폰 보유율은 56.4%에서 76.6%(20.2%p↑)로, 컴퓨터 보유율은 12.9%에서 20.6%(7.7%p↑)로 상승했다.

'돌봄제공자가 장기요양보험'이라고 응답한 대상자도 큰 폭으로 증가(2020년 19.1% → 2023년 30.7%)해 공적 돌봄 체계의 역할이 커졌다. 1인 가구(독거노인)의 비중은 32.8%로 2020년 대비 13.0%p 증가했고, 자녀와 동거하는 가구는 10.3%로 2020년 대비 9.8%p 감소했다. 이 조사를 통해 새로운 노년층의 소비력과 역량 증가, 고령층의 전반적인 의료·돌봄·복지 수요 증가, 1인 가구 증가에 부합하는 정칙이 요구됐다.

우리나라 법과 정책에서의 노인 연령 규정

우리나라 실정법에서 연령 기준은 복지 서비스의 수혜 대상, 처벌·불이익 대상, 고용 관련 기준을 확정하는 데 제시된다. 특히 노인복지 정책의 핵심인 보건복지부 사업 지침을 살펴보면, 사업 내용별 노인 연령 기준은 대체로 60세 또는 65세로 규정되어 있다.

국제기구의 은퇴 연령과 평균수명

노인 연령 기준 관련 국제 동향은 국제기구에서 발표하는 각종 통계자료와 발간물을 통해 확인할 수 있다. UN의 경우 15세에서 64세 사이의 인구를 생산연령인구로, 65세 이상을 노인인구로 규정한다. 그러나 인구 고령화가 덜 진행된 회원국을 고려해 60세 이상에 대한 통계도 많이 제시하고 있다. OECD, EU의 경우 노인인구비율, 노년부양비, 총부양비, 교통사고 사망률, 자살률, 장기요양 관련 등 많은 지표 산출에 있어 노인인구를 65세 이상으로 정의하고 있다.

노인 연령 기준 상향 조정의 연구

노인 연령을 65세에서 상향 조정해야 한다는 연구는 일찌감치 있어 왔다. 연령 상향 조정에서 중요한 관건은 노인 정책 대상자가 달라진다는 점이다. 2011년 정경희 한국보건사회연구원 선임연구위원은 〈백세시대 노인의 연령 기준 관련 논점과 정책적 함의〉라는 연구보고서를 발표했다. 이 보고서에서 정 연구원은 노인을 무조건 '비생산적'으로 간주하는 부정적인 태도에서 벗어나 자신의 경륜과 능력을 발휘해 사회에 이바지할 수 있는 존재로 인식하고 노인의 경제적·사회적 기여를 증진하는 방향의 정책 마련이 필요하다고 보고했다.

정 연구원은 나이 기준보다는 노인의 욕구에 기초해 정책 대상자를 선정하는 변화가 이루어져야 한다고 강조했다. 고령화의 진전에 따라 노인 인구의 다양성도 증가하고 있다고 언급하며 연령 기준을 유연화해야 한다는 것이다. 구체적으로 노인 연령 기준을 몇 세로 조정하자는 의견은 제시하지 않았지만, 해외 사례를 들어 사회적 합의 도출에 기초한 정책의 유연화를 제안했다.

일본의 노인 정책은, 1983년 노인보건법 제정에 따라 실시된 노인보건사업에서 70세 이상인 자를 기준으로 하되, 65~70세 미만인 자인 경우는 장애 인정을 받은 와상자에 한정하고 그 이외의 사업은 65세 이상인 자를 대상으로 실시해 왔다. 그러나 2008년 노인보건법 폐지와 함께 「고령자의 의료의 확보에 관한 법률(고령자의료확보법)」 신설로 장수의료제도(후기고령자 의료제도)를 실시하면서 적용 대상은 75세 이상의 후기고령자를 기준으로 하되, 65~74세 이하는 일정한 장애 상태에 있고 지자체가 인정하는 자로 변경했다.

독일의 장기요양보험은 욕구라는 기준에 기초해 정책 대상자를 선정하고 있다. 즉 연령과 상관없이 장기요양보호의 필요성이 있는지가 급여대상자를 선정하는 기준이다.

2021년 국회입법조사처의 노인 연령 기준 이슈와 논점

2021년 국회입법조사처에서 발표한 〈노인 연령 기준의 현황과 쟁점〉(김은표) 보고서에 의하면, 2021년 노인이 생각하는 노인 연령 기준은 70.5세였다. 노인 연령을 둘러싼 쟁점으로 노인 연령 기준의 상향 조정, 정년과 연금 수급 개시연령의 불일치, 노인 연령 기준의 통일 또는 폐지가 있다.

우리나라 기대수명은 1970년 62.3년에서 2019년 83.3년으로 늘어났고, 이로 인한 고령화는 저출산과 함께 국민연금 등의 복지 재정 문제의 주요 원인으로 지목받았다. 반면, 건강 상태 향상 등으로 고령자도 계속 일할 수 있는 여건이 만들어졌으나 정년은 60세 이상으로 유지되고 있다. 또한 노인 무임승차제는 1982년 이후 65세 이상을 대상으로 하고 있다. 이에 따라 변화하는 시대 상황을 반영해 일부 사회보장제도의 노인 연령 기준을 상향 조정하고 정년을 연장 또는 폐지하자는 의견이 제기됐고, 정부도 노인 무임승차제 등의 경로우대제도 연령 기준 조정을 논의했다.

노인 연령 기준의 현황

이 보고서에서 사회보장제도 등의 노인 연령 기준 현황과 쟁점을 다뤘다. 노인 연령 기준을 노인이 대상인 사회보장제도의 연령 기준, 고용 관련 연령 기준, 주관적 기준으로 살펴봤다. 사회보장제도에서 노인을 대상으로 하는 복지 서비스 대상은 대부분 65세 기준이다. 가장 핵심적인 역할을 하는 국민연금은 수급 개시연령이 62세(2021년 기준)이지만, 2033년까지 5년마다 1세씩 상향돼 65세로 늘어나고, 소득

하위 70% 노인에게 지급되는 기초연금의 수급 연령은 65서 이상이다. 또한 노인 무임승차제, 철도 운임 할인, 고궁 등의 무료입장과 같은 경로우대제도와 취약 노인에게 돌봄 서비스를 제공하는 노인맞춤돌봄 서비스 모두 연령 기준이 65세 이상이다.

노인장기요양보험제도는 65세 이상 또는 노인성 질병을 앓는 65세 미만이 대상이고, 노인일자리사업은 사업유형에 따라 60세 또는 65세 이상이 대상자에 해당한다. 정년은 「고용상 연령차별금지 및 고령자고용촉진에 관한 법률」 제19조에서 60세 이상으로 명시하고 있

「노인 연령 기준 현황」국회입법조사처

내용	내용	연령 기준
사회보장	주택연금	55세 이상
	농지연금(노후생활안정자금)	60세 이상(2022년)
	노인일자리사업	60세 또는 65세 이상
	국민연금(노령연금)	65세 이상(2033년)
	기초연금	65세 이상
	노인장기요양보험	65세 이상
	경로우대제도	65세 이상
	노인맞춤돌봄 서비스	65세 이상
고용	고령자 정의	55세 이상
	근로자의 정년	60세 이상
	육체노동의 가동연한(대법원 판례)	65세 까지
주관적 기준	노인이 생각하는 노인 연령(노인실태조사)	평균 70.5세

고, 고령자는 55세 이상으로 정의했다. 또한 2019년 대법원은 손해배
상의 기준이 되는 일반 육체노동자의 가동연한을 기존 60세에서 65
세로 상향했다.

노인 연령 기준 상향 조정의 찬반 쟁점

　노인 연령 기준은 국민연금, 기초연금 등의 노후 소득보장제도와
노인을 대상으로 하는 사회 서비스 대상자를 선정하는 기준이기에 중
요하다. 기대수명 연장으로 고령자의 경제·사회활동이 활발해짐에 따
라 노인 연령 기준을 상향하자는 주장에 대해 찬성하는 입장과 반대
하는 입장이 대립하고 있다.

　찬성 입장은 생산연령인구의 감소, 노년부양비의 증가, 도시철도
운영의 적자 등을 주요 이유로 들고 있다. 통계청에 따르면 생산연령
인구(15~64세)는 2017년 3,757만 명이었으나 2030년에는 3,395만 명
으로 감소할 전망이다. 노년부양비는 2010년에는 생산가능인구 6.7
명이 노인 1명을 2018년에는 5.1명이 1명을 부양하였으나, 2030년에
는 2.6명이 노인 1명을 부양할 것으로 예상된다. 또한 도시철도 운영
에서 지속적으로 적자가 발생하고 있는데, 이를 해소하는 방안 중 하
나로 연령 기준을 상향하자는 것이다. 도시철도 운영 적자를 둘러싸
고, 2024년 4월 총선 공약으로 당시 이준석의 개혁신당이 '노인 무임

승차 폐지'를 언급한 바 있다.

반면 반대 입장에서는 노인 연령 기준을 상향하기 위해서 먼저 노인빈곤 문제를 해결하고 장애인 등 소외계층에 대한 보호장치를 마련해야 한다고 했다. 우리나라는 OECD 국가 중 가장 높은 수준의 노인빈곤율을 나타내고 있어서 노인 무임승차제 등의 적용 연령을 상향한다면 노인빈곤 문제는 더욱 악화할 것이고, 도시철도 운영 적자의 주원인은 노인 무임승차제로 볼 수 없다는 것이다.

한편 정부는 2012년에 장기적으로 고령자 기준의 변경을 검토한다고 밝힌 바 있고, 보건복지부는 2020년에 경로우대제도 개선 논의에 착수한다는 계획을 발표했다. 일부에서는 정부의 경로우대제도 개선 논의의 결과 연령 기준이 상향된다면, 이를 시작으로 노후 소득보장제도와 노인을 대상으로 하는 사회 서비스에도 연쇄적으로 영향을 미쳐 대상자 연령 기준이 모두 상향될 것이라고 우려했다.

정년과 연금수급 개시연령의 불일치도 관건이다. 「고용상 연령차별금지 및 고령자고용촉진에 관한 법률」에서의 정년은 60세로 고정인 반면, 국민연금 수급 개시연령은 현재 63세, 기초연금 수급 연령은 65세 이상으로 이 기간 차이만큼 소득 공백이 발생한다. 2033년에는 국민연금 수급 개시연령이 65세로 상향 조정될 예정이기에 소득 공백은 더 길어져 노인빈곤의 위험은 커질 것으로 예측된다.

이러한 소득 공백을 해소하기 위해서는 정년을 연장 또는 폐지하거

구분	1988	2013	2018	2023	2028	2033
연령	60세	61세	62세	63세	64세	65세
65세 이상	6.6%	11.9%	14.3%	18.2%	23.6%	27.9%

나 국민연금 수급 개시연령을 하향하는 방안을 고려해 볼 수 있지만 기대수명 연장과 심각한 저출산으로 국민연금 등의 재정 문제가 드러나면서 수급 개시연령을 낮추는 것은 현실적으로 쉽지 않아, 정년 연장 또는 폐지를 중심으로 논의가 이루어질 가능성이 높다. 그러나 정년 연장 또한 심각한 청년 실업문제로 인해 세대 갈등을 유발할 수도 있으므로 이에 대한 지속적인 논의가 필요하다.

해외 주요국 사례

미국은 노령·유족·장애인연금(Old-Age, Survivors and Disability Insurance OASDI)의 수급 연령이 66세 이상이지만 정년은 폐지된 상태다. 일본은 국민연금·후생연금의 수급 개시연령이 65세이고 정년은 기업이 정년 폐지, 정년 연장(65세까지), 계속고용제도(65세까지 계약직으로 재고용) 중에서 선택할 수 있다. 독일은 법정연금보험 등의 공적연금(Gesetzliche Rentenversicherung GRV)의 수급 개시연령을 2029년까지 65세에서 67

세로 상향하고 정년 또한 2029년까지 65세에서 67세로 연장할 계획이다.

〈노인 연령 기준의 현황과 쟁점〉의 결론으로, 노인 연령 기준은 단순히 청장년과 노인을 구분하는 기준에 그치는 것이 아니라 노후 소득보장제도와 노인을 대상으로 하는 사회 서비스 대상 선정 기준이므로 중요성이 크다. 기대수명의 지속적인 연장과 심각한 저출산 문제는 복지 재정에 상당한 부담을 줄 것으로 전망돼 노인 연령 기준의 조정은 풀어야 할 과제라고 밝혔다.

하지만 OECD 국가 중 가장 높은 노인빈곤율과 노인자살률을 보이는 상황에서 노인 무임승차제 등을 포함한 사회보장제도의 연령 기준을 무턱대고 상향하는 것은 이러한 상황을 더욱 악화시킬 수 있다고 언급했다. 또한 연령 기준 조정은 단지 복지 재정의 관점에서 접근할 것이 아니라 우리 사회를 위해 헌신한 노인들의 행복한 삶에 초점을 맞춰야 한다. 노인 연령 기준의 조정은 우리 사회가 당면한 과제라고 하더라도, 열악한 노인의 경제·사회적 환경에서 발생하는 문제들을 해결해 가도록 전 세대가 참여한 사회적 합의를 통해 도출해야 한다고 마무리했다.

2024 국정감사 이슈로 본 노인 연령 기준

22대 국회 첫 국정감사에서 고령 인구가 많아지면서 노인 연령 기준을 상향해야 한다는 주장이 보고서에 채택됐다. 국회 입법조사처의 〈2024 국정감사 이슈 분석〉에 따르면 '초고령사회 대비 노인 기준 연

「노인 관련 사업별 연령기준 현황)」 보건복지부(2024. 06. 19)

구분	사업명	기준	구분	사업명	기준
현금성 지원	기초연금	65세	의료	일반건강검진	66세
	국민연금	63세	돌봄 및 보호	노인맞춤돌봄 서비스	65세
	주택연금	60세		응급안전알림서비스	65세
	농지연금	65세		노인장기요양보험제도	65세
	노후긴급자금대부사업	60세		학대피해노인 상담지원	65세
	이동통신비 감면	65세	주거	행복주택공급	65세
	경로우대자 추가(세금)공제	70세		고령자 복지주택	65세
일자리 및 고용	노인일자리	65세 (일부 60세)		고령자 전세임대주택	65세
	고령자고용 지원	60세		주거급여 지원	제한없음
	사회공헌활동 지원	50세		노인양로시설	65세
	틀니·임플란트	65세		노인복지주택	60세
	노인외래정액제	65세	사회활동	노인복지관, 노인교실	60세
	치매검진	60세		경로당	65세
	치매치료관리비	60세		노인자원봉사활동	65세
	안검진 및 개안수술	60세		이야기할머니 사업	56~70세
	무릎관절수술	60세		어르신 문화프로그램 운영	50세
	건강백세운동교실	제한없음		고령층 정보화교육	55세
	국가예방접종 폐렴구균	65세	교통	노인 교통안전교육	65세
	국가예방접종 인플루엔자	65세	경로우대	경로우대제도	65세

령 상향'은 국회 보건복지위원회의 주요 국감 이슈였다.

통계청에 따르면 우리나라는 전체 인구 대비 65세 노인인구 비율은 2050년에 40.1%를 돌파하고, 2070년에는 47.5%까지 상승할 것으로 예측한다. 65세 이상 노인인구가 전체 인구의 절반에 육박한다는 의미다. 75세 이상 노인인구도 큰 폭으로 늘어 2070년에는 전체 인구의 31%에 달하게 된다.

노인 관련 사업이 현금성 지원, 일자리 및 고용, 의료, 돌봄 및 보호, 주거, 사회활동, 교통, 경로우대 등의 항목으로 다양하게 시행되고 있다.

노인 연령 기준, 정년 연장 관련 대안 모색

노인 연령 기준을 상향하고, 법정 정년을 연장해야 한다는 주장은 고령화와 노인빈곤, 연금재정의 악화 등에 대응하기 위해서다. 우리나라의 잠재성장률이 지속적으로 하락하는 주요인으로 생산가능인구의 감소가 지적되면서, 정년연장으로 노인의 노동력을 활성화해 생산가능인구를 확충하자는 것이다. 국민 다수가 70세 상향을 희망하는 분위기인데다, 높아진 신체적 기능, 생애사적 사건 기준 상승, 생산 인구 감소, 복지 지출 증가 문제 해결 등이 사안에 포함돼 있다.

국회 입법조사처의 〈2024 국정감사 이슈 분석〉 보고서에서, 노인 연령 기준 상향과 정년 연장은 가파른 고령화 추세를 고려했을 때 불가피한 측면이 있지만, 노동시장과 복지제도 등이 복잡하게 얽혀 있는 문제이며, 특히 정년 연장은 청년 일자리를 감소시킬 수 있다는 우려가 제기될 수 있어 신중하게 접근해야 한다고 분석했다.

전문가들은 단지 복지 재정 관점에서 접근할 것이 아니라 우리 사회를 위해 헌신한 노인들의 행복한 삶에 초점을 맞추고 청년 세대를 비롯한 사회 전 세대의 합의 도출에 기초한 정책의 유연화가 선행되어야 한다고 말한다. 즉, 노인 기준 나이 상향에 앞서 관련 보건복지제도와 일자리 제공 등 사회적 합의를 마련해야 한다는 주장이다. 일방적이고 획일화된 연령이 아니라 노화의 다차원성을 반영한 정책 대상자의 설정이 이루어져야 한다는 것이다. 어떠한 영역에서 어떠한 연령 기준을 정하는 것이 노인의 취약한 위상과 노화로 인해 발생하는 욕구를 충족하는 데 있어 적절한 것인지에 대한 활발한 논의가 필요하다.

80세 이상 노인
자살률 심각하다

80대 이상 자살자 수, 전체 평균의 2배 넘어…
노인자살률 저하 대책의 기본은 빈곤 문제 해결부터

통계청에서 발표한 〈2023년 사망원인통계 결과〉에 의하면, 2023년 사망자 수는 352,511명으로 전년 대비 20,428명 감소했고, 80세 이상 사망자가 전체 사망에서 54%**(전년 대비 16.7%p 증가)**를 차지하는 것으로 나타났다. 2023년 한국인의 사망 원인 10위를 분석한 결과 암, 심장질환, 폐렴, 뇌혈관질환, 자살, 알츠하이머병, 당뇨병, 고혈압성 질환, 패혈증, 코로나19 순이었으며, 전체 사망 원인의 65.6%를 차지했다. 10년 전과 비교해 순위가 상승한 사망 원인은 심장질환, 폐렴, 알츠하이머병, 고혈압성 질환, 패혈증이다. 5위를 차지한 고의적 자해**(자살)** 사망률**(인구 10만 명당 명)**은 27.3명으로 전년 대비 2.2명**(8.5%)** 증가했다.

(단위: 인구 10만 명당 명)

순위	사망원인	사망률	'22년 순위 대비
1	악성신생물(암)	166.7	-
2	심장 질환	64.8	-
3	폐렴	57.5	⬆(+1)
4	뇌혈관 질환	47.3	⬆(+1)
5	고의적 자해(자살)	27.3	⬆(+1)
6	알츠하이머병	21.7	⬆(+1)
7	당뇨병	21.6	⬆(+1)
8	고혈압성 질환	15.6	⬆(+1)
9	패혈증	15.3	⬆(+2)
10	코로나19	14.6	⬇(-7)

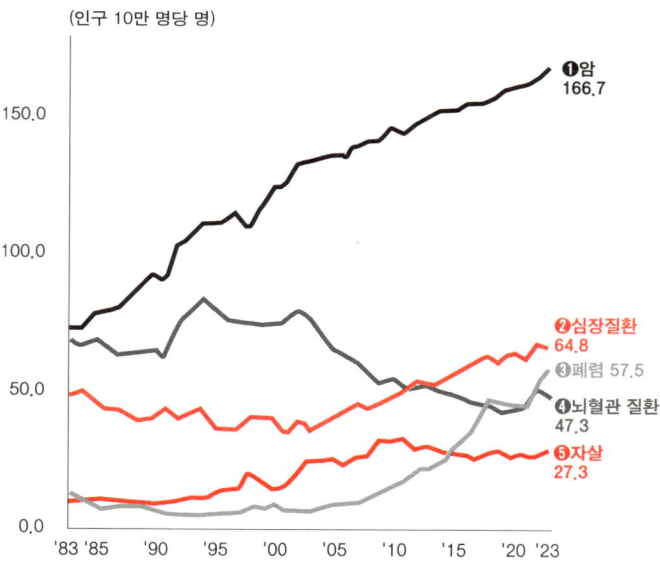

「2023년 한국인 사망 원인 순위 추이」통계청, 2023년 사망원인통계결과

노인 사망자 분석

2023년 치매에 의한 사망자 수는 총 14,251명으로 전년 대비 0.8% 증가했다. 치매 사망은 혈관성치매, 상세 불명의 치매. 알츠하이머병에 의한 사망을 집계했다. 인구 10만 명당 기준 치마 사망률은 27.9명으로 2022년 대비 0.3명(1.0%) 증가했다. 여자(37.7명)가 남자(18.0명)보다 2.1배 높았다. 2022년 치매 사망률과 비교하면 남자는 5.2% 증가했고, 여자는 0.9% 감소했다. 80세 이상 노인의 외인에 의한 사망률을 보면, 자살(59.4명), 추락사고(37.1명), 운수사고(26.0명) 순으로 높은 기록을 보였다.

심각한 문제, 노인자살

보건복지부와 한국생명존중희망재단은 2014년부터 매년 자살예방백서를 발간하고 있으며, 올해 열한 번째로 《2024 자살여방백서》를 펴냈다. 이 백서에는 국내외 자살의 동향, 성별·연령·수단 동기 등에 따른 현황 등과 함께 대책 추진 내용과 향후 계획 등이 수록돼 있다. 백서에 따르면 2022년도 자살 사망자 수는 1만 2,906명으로 전년 대비 446명(3.3%) 감소했고 자살률은 25.2명으로 전년 대비 0.8명(3.2%) 감소했다.

그러나 65세 이상 노인층 자살률은 상황이 다르다. 1998년에 39.8

명으로 증가한 이후 2003년에 72.7명, 2005년에 80.9명, 2010년에 81.9명으로 전 연령층에서 가장 높게 나타났다.

자살률 = (특정 기간 동안 자살로 사망한 사람 수 / 전체 인구) × 100,000

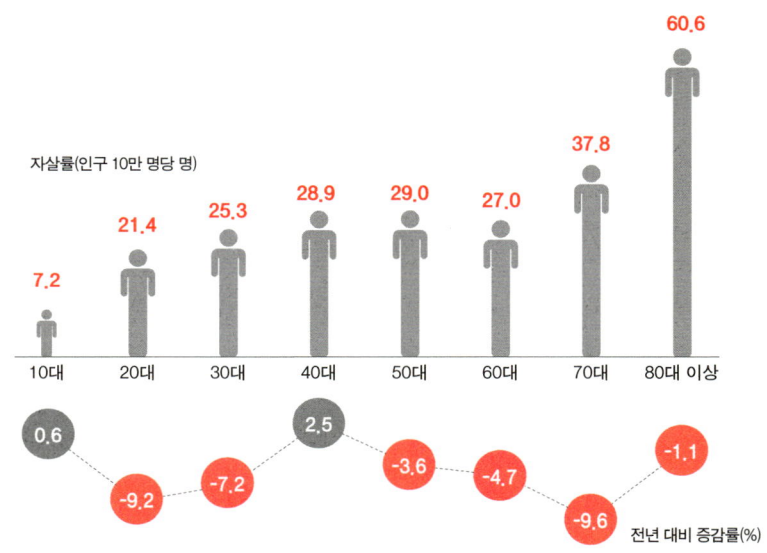

「2022년 연령대별 자살률」 통계청, 2021~2022 사망원인통계

우리나라 현황

통계청이 발표한 2022년 기준 사망원인통계에 따르면 한국의 자살자 수는 12,906명으로 전년 대비 446명(3.3%) 감소했고, 1일 평균 자살자 수는 35.4명이다. 2022년 기준 자살률은 25.2명으로 전년 대

비 0.8명(3.2%) 감소했다. 자살률 추이는 외환위기였던 1998년에 급격히 증가해 2011년에 31.7명으로 최고치를 기록한 이후 2017년까지 감소하는 추세였으나 2018년~2019년은 연속 증가했다. 2020년은 코로나19에도 불구하고 자살률이 감소세로 전환됐으나 2021년 소폭 증가 후 2022년에 다시 감소했다.

2022년 남자 자살률은 35.3명, 여자 자살률은 15.1명으로 남자가 여자보다 2.3배 높았다. 전체 자살 사망자 중 남자가 차지하는 비율은 69.9%, 여자는 30.1%다. 자살률의 성비는 2007년이 1.7배로 가장 낮았으나 2018년 이후 증가해 2022년에는 2.3배의 차이를 보였다. 지역은 경기가 803명으로 가장 많았고, 자살률은 강원(54.1명), 충북(52.5명), 세종(51.7명) 순으로 높았다. 전국 노인자살률(39.9명)보다 높은 지역은 대구, 대전, 울산, 세종, 경기, 강원, 충북, 충남이고 나머지 지역은 이보다 낮았다.

월별 시기로는 5월에 354명(9.8%)으로 가장 많고, 뒤이어 9월 353명(9.8%), 8월 332명(9.2%) 순이었다. 자살자 수가 가장 적은 월은 2월 221명(6.1%)이었다. 전년 동월 대비 자살자 수는 1월(6.3%)과 5월(11.3%), 8월(4.1%), 9월(18.9%), 10월(2.3%)을 제외하고는 감소했다. 가장 많이 감소한 달은 3월(-17.8%), 2월(-6.4%), 4월(-6.3%) 순이었다.

직업별로는 모든 연령대에서 학생, 가사, 무직의 자살자 비율이 가장 높았다. 10대와 80세 이상의 경우 90%대였으며, 20대는 50%대,

30대~50대는 40%대, 60대는 60%대, 70대는 80%대의 비율이었다. 학생, 가사, 무직만 살펴보면 10대 최고점에서 출발해서 30대에 최저점을 찍고 80세 이상까지 계속 증가하는 브이(V)자 형태를 가진다. 70대와 80세 이상 연령에서는 농림어업 숙련 종사자와 단순 노무 종사자가 두 번째와 세 번째로 높았다. 장소로는, 2022년 9세 이하를 제외한 모든 연령대에서 주택 내, 의료기관, 기타 장소 순으로 높은 비율을 차지했다. 70대와 80세 이상은 주택 내가 가장 많았고 의료기관이 두 번째로 많았다.

80세 이상 남자의 심각한 자살률

2022년 연령대별 자살자 수는 50대가 2,479명으로 가장 많고, 자살률은 나이가 많을수록 높아지는 경향을 보여 80세 이상(60.6명), 70대(37.8명), 50대(29.0명) 순으로 높게 나타났다. 특히 80세 이상이 다른 연령대에 비해 매우 높았으며, 최대 8.4배(10대) 높게 나타나 80세 이상 남자 노인의 자살이 매우 심각한 것을 볼 수 있다. 최근 5년간 연령별 자살률을 살펴봐도, 80세 이상이 가장 높은 자살률을 보였다.

2022년 80세 이상 자살률은 남자 117.9명, 여자 30.9명으로 남녀 모두 전 연령대 가운데 가장 높았다. 남자는 연령대가 높을수록 자살률이 높았으며, 특히 70대 이후 급증했다. 여자는 80세 이상에서 가장 높았고 그 다음이 20대와 40대, 70대 순이었다. 2022년 남녀 간 자살률 성비도 80세 이상이 3.8배로 가장 높았다. 연령대가 높을수록 성비가 높아지는 경향을 보였다.

65세 이상의 통계

2022년 65세 이상의 노인자살자 수는 3,595명으로 전년 대비 24명(0.7%)이 감소했으며, 자살률은 2.3명(5.4%) 감소했다. 최근 5년간 노

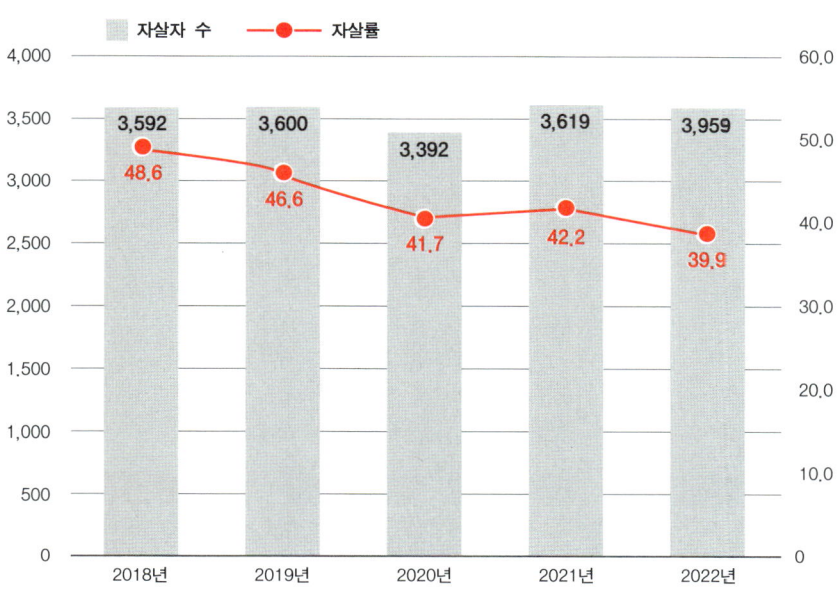

「2018~2022년 노인자살 현황 추이」 통계청

인자살률은 2018년이 가장 높았고 2020년까지 감소하다 2021년 소폭 증가했다가 2022년 다시 감소했다.

2022년 노인 남자 자살률은 65.0명, 여자는 20.4명이다. 전체 자살 사망자 중 남자가 차지하는 비율은 71.2%, 여자는 28.8%다. 노인의 남녀 간 자살률 성비는 남자가 여자보다 3.2배 높았으며, 이는 전체 연령의 성비(2.3배)에 비해서도 높게 나타났다.

동기별 추이

2022년 11~40세와 51~60세는 정신적·정신과적 문제, 41~50세는 경제생활 문제의 동기가 많았다. 61세 이상은 육체적 질병 문제가 39.4%로 가장 높았고 뒤이어 정신적·정신과적 문제, 경제생활 문제 순이었다. 특히 다른 연령대보다 육체적 질병 문제가 압도적으로 높았다.

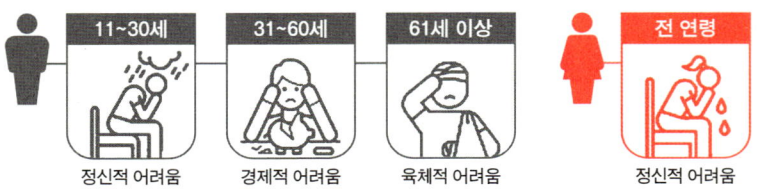

「2022년 자살 동기」 경찰청, 2022년 변사자 통계

11~30세	31~60세	61세 이상	전 연령
정신적 어려움	경제적 어려움	육체적 어려움	정신적 어려움

2022년 남자의 경우 연령대에 따라 자살 동기에 차이가 있었다. 11~30세 남자는 정신적·정신과적 문제, 31~60세 남자는 경제생활 문제, 61세 이상 남자는 육체적 질병 문제가 가장 높았다. 여자는 모든 연령대에서 정신적·정신과적 문제가 가장 높았다.

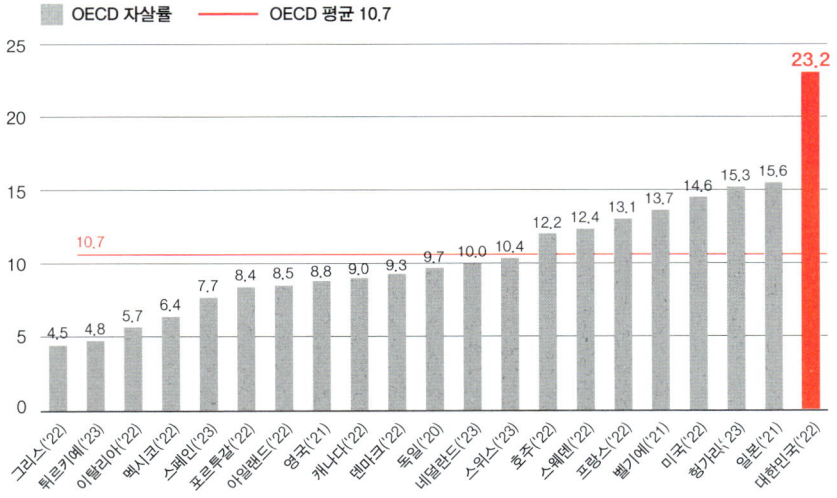

「OECD 회원국 자살 현황」 Health Statistics 2023

OECD 회원국 현황

그렇다면 OECD 회원국 중에 한국의 자살률은 어떤 수준일까? OECD 회원국의 자살률 평균은 10.7명이다. 한국의 자살률은 불명예스럽게도 23.2명(2022년) 1위로 OECD 평균보다 2.2배 높다. 2위 리투

아니아 18.0명(2023년), 이어서 일본 15.6명(2021년), 헝가리 15.3명(2023년), 미국 14.6명(2022년), 벨기에 13.7명(2021년), 프랑스 13.1명(2022년) 등으로 한국이 월등히 높다.

OECD 회원국의 연령대별 자살률에서 한국은 10대가 7.9명(인구 10만 명당)을 기록하며 청소년 자살 문제는 여전히 심각했고, 대부분의 연령대에서 회원국 중 최상위권의 자살률을 기록했다.

정부의 자살 예방 사업

《2024 자살예방백서》에 의하면 정부는 자살 예방을 위해 첫 번째, 자살예방교육 의무화 실시, 자살예방상담 전화 통합번호(109) 개통 관련 대국민 홍보 및 정보 제공, 두 번째, 민관협업을 통한 자살 예방 캠페인을 강화하겠다고 했다. 기존 기업들과의 협업 또한 강화하고, 신규 기업들과 제휴를 통해 일상생활에서 '생명 존중 및 인식 개선' 캠페인 전략을 추진해 자살에 대한 어려움으로 도움이 필요한 사람의 행동 변화까지 이끌도록 하겠다는 것이다.

또한 홍보 중장기전략 수립(안)을 통해 전 국민, 고위험군, 자살예방 유관기관 및 민간기업과 함께 홍보전략을 단계적으로 수립해 2022년 고안한 자살예방 핵심 슬로건 "사람을 더하세요"를 토대로 자살 예방 실천 메시지 고도화를 추진하겠다고 발표했다. 현재 자살 유족 원

스톱 서비스 지원사업을 시행하고 있다. 자살 사망자 발생 시, 현장 출동해 유족을 대상으로 위기 개입 서비스를 제공함으로써 심리 정서 지원, 환경 경제 지원(**특수청소비 지원, 일시 주거비 지원, 사후 행정 처리 지원, 법률 행정 처리 지원, 학자금 지원**) 등으로 연계해 자살 유족이 갑작스러운 사별에 따른 정신적 충격 및 위기로부터 건강하게 회복할 수 있도록 하는 서비스다. 자살 유가족의 잇따른 자살 시도도 높기 때문이다.

또한 2023년 하반기 기준 지자체 자살예방센터(**정신건강복지센터**)에서 124개, 민간 단체 운영 9개 모임으로 총 약 133개의 자조모임이 운영되고 있으며, 지역적 특성 및 참여 유족의 연령, 고인과의 관계 등에

「2023년 자살 유족 자조모임 지원사업 참여 기관」 자살예방백서

연번	지역(시·도)	수행기관명	자조모임명
1	부산	부산진구정신건강복지센터	온마음
2	경기	하남시정신건강복지센터 (부설)자살예방센터	내일
3	인천	인천중구정신건강복지센터	도란도란
4	전남	장성군보건소	마음톡톡
5	인천	인청광역시자살예방센터	소리랑
6	경남	김해시정신건강복지센터	아름드리
7	대구	대구광역자살예방센터	어우르기
8	전북	넘원시정신건강복지센터	마은토닥
9	경기	시흥자살예방센터	마음품
10	대전	대전광역자살예방센터	상록수

따라 애도 관련 주제, 교육, 외부활동, 동아리 등 다양한 내용으로 운영하고 있다.

자조모임 지원을 위해 2018년부터 자조모임에 대한 정보제공 및 연계를 위한 자살 유족 누리집을 운영하고 있으며, 17개 시·도별 자살 유족 사업 담당자를 지정하여 유족 사업을 지속 추진하고 있다. 또한 자조모임 개설 및 운영지원을 위한 실무자 교육 및 콘텐츠와 매뉴얼을 개발해 보급하고 있다.

한국생명존중희망재단에서는 보건복지부와 생명보험사회공헌재단의 지원을 받아 자살 유족 치료비 지원사업을 운영하고 있다. 자살 유족의 정신건강 치료비를 지원하여 유족의 심리적 안정 도모와 함께 전문 치료를 통해 건강한 애도를 할 수 있도록 추진하고 있다.

현실적으로 실효를 거둘 수 있는 맞춤 대책

2014년부터 소득 인정액 하위 70% 노인에게 월 최대 20만 원(2021년부터 월 최대 30만 원)의 기초연금이 지급됐다. 기초연금이 지급된 2014년부터 노인자살률이 감소한 것을 눈여겨 볼 필요가 있다. 정부는 심리상담을 크게 홍보하고 늘리는 게 자살 예방에 효과가 있을 것으로 기대하지만, 노인자살을 감소시키기 위해서는 80대 이상 노인의 빈곤 문제를 해결하는 방안을 내놓는 것이 우선이다. 치매와 우울증이 65

세 이상 노인 사망의 주요 원인으로 부각되고 있으므로 이어 대한 예
방과 치료 대책을 강화해야 하며, 빈곤에 대한 지원과 복지를 빈틈없
이 시행하는 것이 현실적이고 효과적인 노인자살 예방책임을 주목할
필요가 있다.

'에덴 얼터너티브', 집처럼 편안한
요양원으로의 혁신

미국의 빌 토마스가 설립한 전 세계 요양원 운영 자문 기관
'외로움, 무력감, 지루함'의 3대 노인 재앙 제거

일상생활이 어려워지고 돌봄이 필요한 고령 세대가 자녀들에게 부담 주지 않으려고 선택하는 곳이 요양시설이다. 시설 등급을 받아 입소하는 비율이 증가하고 있지만, 입소 후의 삶의 질에 대한 우려는 계속되고 있다. 주된 이유는 환자 중심이 아닌 공급자 중심의 요양시설이기 때문이다.

1990년대 미국은 이러한 공급자 중심의 요양시설을 바꾸려는 문화 변화(Culture Change)를 시도했다. 그 배경에는 입소 노인의 욕구 중심이 아닌 '시설의 목적 달성 우선', '자신의 권리를 주장하는 입소 노인은 문제 노인으로 치부', '입소 노인 개별성이 아닌 전체성을 강조'

한 문제 등이 있었기 때문이다. 이러한 요양원의 환경을 혁신하기 위해 '에덴 얼터너티브(Eden Alternative)', 요양원 케어의 질을 향상하는 '웰스프링 모델(Wellspring Model)', 노인장기요양의 새로운 모델 '그린하우스 프로젝트(The Green House Project)' 등이 생겨났다.

'외로움, 무력감, 지루함'은 노인의 3대 재앙

에덴 얼터너티브는 전 세계적으로 활발히 활동하는 요양원 운영 자문서비스 기관으로, 1994년 의사 빌 토마스(Bill Thomas) 박사가 설립했다. 노인 삶의 질을 위해 '노화를 바라보는 관점 재구성', '치료의 재해석', '외로움, 무력감, 지루함을 없애기', '사회에 긍정적 영향을 미치는 이들 지원', '혁신적인 교육 및 상담 제공' 등에 주력하며 노인과

에덴 얼터너티브 홈페이지(edenalt.org)

돌봄 파트너들의 복지를 개선하고 지역사회를 변화시키는 임무를 수행한다.

토마스 박사는 의사, 교수, 기업가, 극작가, 공연자로 다방면의 재능을 지녔으며 인간 노화의 영역에 집중해 온 인물이다. 〈월스트리트 저널〉은 그를 미국의 은퇴를 바꾸는 '10대 혁신가'로 세웠고 〈U.S. 뉴스 & 월드 리포트〉는 '미국 최고의 리더'에 올렸다.

체이스 메모리얼 요양원에서 일으킨 혁신

1991년 젊은 의사였던 빌 토마스는 뉴욕주 소도시 뉴 베를린에 있는 '체이스 메모리얼 요양원(Chase Memorial Nursing Home)'에 부임했다. 이곳에서 일하면서 그는 사람들을 돌보고 건강을 개선하기 위한 시설이 실제로 입소자를 병들게 한다는 사실을 깨달았다. 노쇠하고 여러 만성질환에 시달리는 노인을 돌보는 시설인데 궁극적으로 이익을 높이는 방향으로만 설계돼 있었다. 돌봄 산업은 노인들을 위한 개인 공간의 크기를 줄이면서 관리를 표준화했고, 규정을 준수해 사고를 줄이며, 수입을 늘리도록 추진되고 있었다. 그 결과 노인 개인의 행복은 보장하지 않았다. 토마스는 체이스 메모리얼 요양원을 노인들에게 더 나은 삶의 질과 더 나은 임상적 치료를 제공하는 소규모 지역 사회 기반 치료 환경으로 바꾸었다. '외로움, 무력감, 지루함'을 요양원의 세

가지 병으로 정의하고, 이를 없애기 위해 요양원에 동물, 식물을 들여놓고 어린이를 가까이서 자주 볼 수 있게 했다.

당시 뉴욕주 규정상 요양원에는 개 한 마리와 고양이 한 마리만 허용됐지만, 토마스는 주 의회를 설득해 개 두 마리, 고양이 네 마리, 잉꼬 백 마리를 요양원에 들여올 수 있도록 허가를 받았고, 각 방에 식물을 두었다. 그 결과 입소 노인의 처방 약이 지역 내 다른 요양원에 비해 절반으로 줄었다. 약 구매비용도 30% 감소했고 사망률도 15% 감소하는 변화가 나타났다. 그는 요양시설에 식물, 반려동물과 어린이가 함께하는 인간적 생태계를 조성하면서 입소 노인이 케어를 받기만 하는 것이 아니라 서로 돌볼 수 있도록 했다. 에덴 얼터너티브는 노인요양원의 세 가지 재앙인 외로움, 무력감, 지루함을 제거하는 것을 핵심으로 하면서, 실천요소로 웰빙의 7가지 요소(정체성, 연결, 안전, 자주, 의미, 성장, 기쁨)와 에덴 얼터너티브 10원칙을 정하고 이를 기반으로 한 노인요양시설을 추구했다.

또한 입소 노인과 직원 모두의 웰빙을 개선하기 위해 케어 파트너(Care Partner) 팀을 운영해 요양원을 편안한 집과 같은 인간적인 모습으로 바꿨다. 2003년 설립한 더그린하우스 프로젝트도 그가 공동 설립했다.

에덴 얼터너티브 10원칙

1 외로움, 무력감, 지루함의 세 가지 재앙은 노인 세대 고통의 대부분을 차지한다.

2 다양한 능력을 지닌 어르신과 동식물이 함께 긴밀하고 지속적인 접촉을 중심으로 삶을 영위하는 노인 중심 커뮤니티를 만든다. 이러한 관계는 젊은이와 노인 모두에게 가치 있는 삶의 길을 제공한다.

3 사랑의 교제는 외로움의 해독제다. 노인은 동물과 교감할 권리가 있다.

4 노인 중심 커뮤니티는 보살핌을 받을 뿐만 아니라 베풀 수 있는 기회도 제공한다. 이는 무력감의 해독제다.

5 노인 중심 커뮤니티는 예기치 않은 일, 예측 불가능한 상호작용이 일어날 수 있는 환경을 조성함으로써 일상에 다양성과 자발성을 불어넣는다. 이는 지루함의 해결책이다.

6 무의미한 활동은 인간의 정신을 부식시킨다. 의미 있는 일을 할 수 있는 기회는 인간의 건강에 필수 요소다.

7 의료는 진정한 인간 돌봄을 보완하는 요소이며 그 자체가 목적이 되어서는 안 된다.

8 노인 중심 커뮤니티는 상명하복식 관료적 권위를 멀리 한다. 가능한 한 많은 의사 결정 권한을 노인과 노인 가까운 사람에게 부여한다.

9 노인 중심 커뮤니티를 만드는 것은 끝없는 노력의 과정이다. 인간의 성장은 삶과 분리될 수 없다.

10 현명한 리더십은 세 가지 재앙에 맞서 싸우는 모든 투쟁의 결정체다. 이를 대체할 수 있는 것은 없다.

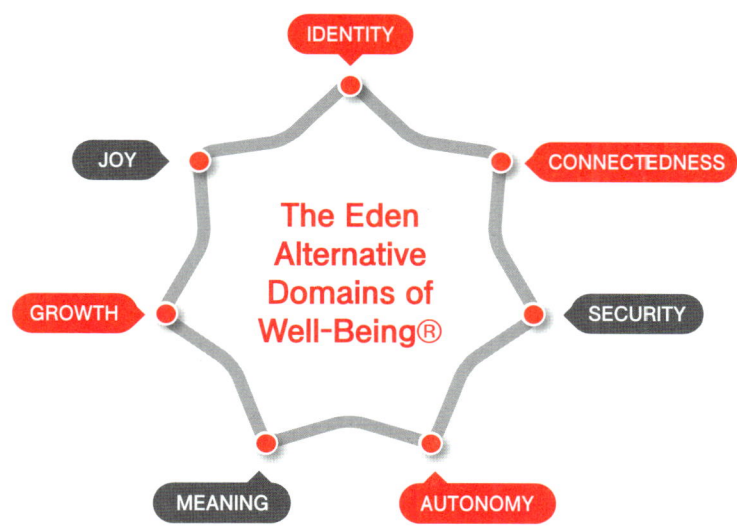

웰빙의 7가지 요소 - 정체성, 연결, 안전, 자주, 의미, 성장, 기쁨 / edenalt.org

에덴 얼터너티브는 북미, 유럽, 호주, 아시아, 남아프리카 등 여러 나라에 협회가 조직돼 있으며 권역별 전담 기관이 있다. 한국은 글로벌 파트너로 등록해 일부 활동을 시작했다. 일본에서는 아직까지 요양시설 차원에서 에덴 철학을 공식적으로 도입한 사례는 없는 것으로 알려져 있다. 고령화가 빠르게 진행 중인 싱가포르·홍콩·중국 기관들의 참여가 늘어나는 추세다.

에덴 얼터너티브의 효과

에덴 얼터너티브의 문화 변화 철학은 실제로 어떤 변화를 길으켰을까? 에덴 얼터너티브를 적용한 곳은 주로 비영리법인이고 규모가 큰 편이며, 자격증이 있는 직원 비율이 높았다. 거주 노인의 삶의 질과 전반적 웰빙이 향상됐으며, 항불안제 사용량 및 통증 감소, 향정신성 약물 사용량 감소, 낙상 감소, 우울증 감소 등의 효과를 창출했다. 운영 측면에서도 직원 이탈과 퇴사가 줄었고, 공실률, 전원율과 재정이 개선됐다. 타 기관과 가장 차별화한 에덴 얼터너티브 노인요양시설의 특징은 인간다운 생태계를 구성하기 위해 동물, 식물과 어린이를 적극적으로 유입한 것이다. 거주 노인과 어린이, 동식물의 신체적, 정신적, 감정적, 사회적 상호작용을 관찰한 결과 모든 분야에서 좋은 효과를 보였다.

우리나라의 도시 노인요양시설은 실내식물을 키우는 경우는 많으나 반려동물을 기르는 사례는 거의 없다. 그러나 반려동물 양육 비율은 지속적으로 증가하고 있어 50대 28.7%, 60대 27.4%이다(2021년 동물보호에 대한 국민의식조사). 20~30대보다 50~60대의 연령층에서 반려동물 양육비율이 높으며 노인층 반려동물 양육비율은 계속 증가세다. 일본은 반려동물과 함께 입주할 수 있는 노인요양시설들이 있다.

치매와 함께 잘 사는 법 교육

에덴 얼터너티브의 온라인 유료 학습 목록에 '치매 치료와 모범 사례(Dementia Care and Best Practices)'가 있다. 의료 분야 종사자와 치매 환자 그리고 간병 보호자를 위한 커리큘럼으로 '치매의 정의', '치매에 대한 환각과 망각의 재구성', '항정신병제를 넘어서', 'BPSD(Behavioral and Psychological Symptoms of Dementia)에서 벗어나다' 등이 있다. 또한 전문가에게 배우는 치매 케어 과정인 '약물을 넘어선 치매 온라인 학습'을 개설해 치매와 함께 잘 사는 법을 제공하고 있다.

에덴 얼터너티브 도입에 대한 의견

한국의 1차 베이비부머 세대(1955~1963년생)는 이미 노인층에 진입해 가고 있다. 빠른 경제성장시대에 활동했기 때문에 경제적으로는 비교적 안정된 세대다. 이들에게 에덴 얼터너티브에 입각한 노인요양시설에 대한 의견은 우호적이다. 이들은 현재 노인요양시설에 가정적인 요소가 없어 가정적인 분위기로의 변화를 요구했다. 에덴 얼터너티브가 제시하는 가정적인 분위기, 문화 변화 교육, 기관 인증에 대해 긍정적으로 생각했다.

베이비부머 세대는 에덴 얼터너티브 10원칙에 동의하면서 이러한 변화의 철학에 공감을 보였다. 노인요양시설의 현재는 변화가 많이 필요하며 베이비부머의 수요와 요구를 수용하는 수정 방안이 요구된다. 인간다운 생태계를 구축하기 위한 동식물의 유입 중 반려동물과의 거주 요구는 지속적으로 상승하고 있어 반려동물을 동반하는 노인

요양시설 디자인과 서비스 특화가 필요하다.

　노인요양시설은 노인의 마지막 '집'이다. 마지막까지 주체적이고 의미 있는 삶을 살기 위해 필요한 환경은 무엇일까? 친구를 방에 초대해 편안한 시간을 보낼 수 있는가? 어제와 다른 재미있는 이벤트가 발생해 지루한 나날에 활력을 주는가? 우리 사회의 노인요양시설에는 인간다운 생태계를 실현하는 현명한 리더십을 필요로 한다. 노쇠로 돌봄이 필요한 삶이어도 더는 암울함이 아닌 상호작용이 가능한 삶으로 연결될 수 있어야 한다.

노인 키오스크 배려 존,
'느려도 괜찮아' 캠페인 확대해야

디지털 시대에 소외된 노인을 위한 대책과 배려 부족
성남시 중원노인종합복지관 '키오스크 배려 존 설치' 눈길

식음료 가게와 프랜차이즈 식당의 키오스크(Kiosk) 도입이 빠르게 증가했다. 노인 인구가 많은 지역구 번화가에선 키오스크가 부담스러워 노인들이 가게 이용을 꺼릴 만큼 이 편의장치가 편리하지 않다. 주문하려고 버튼을 누르고 시도해 보지만 글자 크기는 작아서 잘 안 보이고 영어 단어가 즐비하다. 시간 초과가 되어 처음으로 돌아가는 것보다 뒷사람들 눈치 보는 게 힘들어 주문을 포기한다. 직원에게 매번 설명을 요청할 수도 없다. 일상생활에는 문제가 없는 치매 전 단계의 주관적인지장애와 경도인지장애를 앓는 노인은 키오스크 주문이 어떨까?

노인층 "키오스크, 복잡하고 눈치 보여 힘들다"

한국소비자원(2020년)이 비대면 문화 확산과 인건비 절감 효과로 서비스, 금융, 외식업계 전 분야에 자리 잡은 키오스크 이용에 대해 65세 이상 300명을 조사했다. 키오스크와 전자상거래를 모두 이용한 소비자는 41.4%(124명)였고, 키오스크만 이용한 소비자는 40.3%(121명), 전자상거래만 이용한 소비자는 18.3%(55명)이었다. 다음은 이 중 키오스크 사용 경험이 있는 245명을 조사한 결과다.

「65세 이상 245명의 키오스크 불편 조사」 한국소비자원 2020년 조사 결과

	구분	응답
1	상품 선택부터 결제까지 단계가 너무 복잡하다	51.4(126)
2	다음 단계로 넘어가는 버튼을 찾기 어렵다	51.0(125)
3	주문이 늦어질 경우 뒷사람한테 눈치가 보인다	49.0(120)
4	화면의 그림, 글씨가 잘 보이지 않는다	44.1(108)
5	결제 수단이 제한되어 있다 (예: 카드로만 결제 가능)	33.5(82)
6	한 화면당 조작 시간이 짧아 처음 화면으로 넘어가는 경우가 있다	31.8(78)
7	주문할 상품에 대해 궁금한 점을 물어볼 수가 없다	24.9(61)

키오스크의 불편한 점으로 '복잡한 단계'(51.4%, 126명)를 가장 많이 꼽았고, '다음 단계 버튼을 찾기 어려움'(51.0%, 125명), '뒷사람 눈치가 보임'(49.0%, 120명), '그림·글씨가 잘 안 보임'(44.1%, 108명) 등이 뒤따랐다. 또한 버스터미널, 패스트푸드점, 은행의 키오스크 이용에 65세 이

한국소비자원 카드뉴스 / 한국소비자원

상은 영문 등 익숙하지 않은 용어나 초성 검색 등 조작 방식을 이해하는 데 어려움을 겪었고, 키오스크로 인해 시간 지연, 주문 실패 등에 대해 심리적인 부담감이 컸다. 고령자뿐만 아니라 한국소비자원이 조사한 일반 시민 조사에서도 키오스크는 불편하단 의견이 많았다.

2022년 11월 한국소비자원의 키오스크 이용 실태조사 발표에 따르면 소비자 46.6%(500명 중 233명)가 키오스크 이용 중 불편과 피해를 경험했다고 한다. 1위는 '주문이 늦어지고 뒷사람 눈치가 보임'이다.

업종별 키오스크 이용 피해 경험 순위는 1위 외식업(93.9% 주문 실수를 인지하지 못해 다른 상품을 받음), 2위 유통업(30.4% 상품 변경 불가), 3위 주차장(28.6% 주차 할인 등 미적용)이다.

노인과 장애인을 배제한 키오스크

조사 당시 키오스크 대부분이 KS 표준 무인정보단말기 접근성 지침대로 설계돼 있지 않았다. 키오스크 기기 자체 또는 첫 화면에 이용 방법을 표시하지 않았고, 규정된 폰트 최소 크기(12mm)보다 작아서 특히 고령자가 이용하는 데 어려움이 많았다. 게다가 장애인이 사용할 수 있는 배리어프리(Barrier Free) 키오스크는 거의 찾아볼 수 없었다. 2023년 3월 28일 「장애인차별금지 및 권리구제 등에 관한 법률 시행령」 일부개정령안이 국무회의에서 의결됐다. 키오스크와 모바일앱 등의 제공자와 제공기관으로 하여금 장애인이 키오스크나 모바일앱에 비장애인과 동등하게 접근하고 이용하는 데 필요한 정당한 편의를 단계적으로 제공토록 했다.

소비자들은 업종과 브랜드마다 다르게 설정된 키오스크의 주문 순서, 조작 방법 등 기능의 표준화가 필요하다고 응답했다. 한국소비자원은 고령자·장애인 등 디지털 약자층의 키오스크 접근성과 편의성 개선을 권고했다. 현실은 얼마나 달라졌을까. 여전히 키오스크 앞에서 주문조차 하지 못하는 자신에 대해 자괴감을 느끼는 노인이 많다.

68세 박 씨는 대형 커피 전문점에 설치된 키오스크 앞에서 3분 넘게 주문에 실패했다. 그가 주문하지 못하는 사이, 바로 옆 키오스크에선 20~30대 손님 4명이 주문을 마치고 테이블에 착석했다. 박 씨는 "섣불리 눌렀다가 괜히 주문이 잘못되는 건 아닌가 불안했고 식당, 카페마다 키오스크 메뉴 디자인이 다른 데다, 글씨가 너무 작아 읽는 것조차 쉽지 않다"고 했다.

서울의 한 커피 체인점을 찾은 77세 김 씨 상황도 비슷했다. 김 씨는 키오스크에서 'SOLD OUT(품절)'이란 표시가 된 메뉴를 잘못 누른 뒤 겨우 음료를 고르는 데까지 성공했다. 이어서 영어로 'hot(뜨거운)' 'iced(차가운)' 선택지가 떴다. 작은 글씨 탓에 화면 바로 앞까지 다가간 김 씨는 메뉴를 고른 뒤에도 '담기' 버튼을 찾지 못했다. 김 씨가 5분 남짓 헤매자 매장 직원이 "도와드릴까요"라며 다가왔다. 김 씨는 "바쁠 텐데 고맙다"며 민망해했고 직원 도움이 없었다면 주문을 포기하려 했다.

과학기술정보통신부에 따르면 국내 키오스크 운영 대수는 2019년 18만 9,951대에서 2022년 45만 4,741대로 3년 만에 2배 이상 늘었다. 이 중 카페, 음식점 등 요식업 부문은 같은 기간 5,479대에서 8만 7,341대로 약 16배로 급증했다. 하지만 노인 대다수는 디지털 서비스의 편리함을 누리지 못하고 있다. 사용 방법이 복잡하거나 글씨가 작아 노인 친화적이지 않기 때문이다. 건강한 노인도 디지털 일상에서 소외되고 있는데, 일상생활에는 아무 지장이 없지만 인지 기능에 문제가 시작된 노인에게 키오스크는 재앙과 다름없다.

정부의 노력에도 디지털 소외감은 여전

보건복지부는 「장애인차별금지 및 권리구제 등에 관한 법률 시행령」 개정안으로 장애인뿐만 아니라 고령자 등 그동안 기기 사용에 어려움을 겪은 많은 국민의 일상생활 속 불편이 해소될 수 있기를 기대한다며, 적용 대상의 범위를 단계적으로 확대하고, 소규모 사업장에 대해서는 예외규정을 마련하는 등의 대안을 마련했다고 밝혔지만, 장애인들은 키오스크가 설치된 곳은 그냥 나온다는 의견이다.

2024년 4월 20일 장애인의 날을 앞두고 나온 조사에서 키오스크가 늘어나는 것이 반갑지 않고 키오스크 없는 식당을 외워두고 찾아간다는 장애인이 많았다. 주변 사람이나 직원의 도움을 매번 요청해야 하는 것이 민망하다는 것이다. 주문도 자신이 선호하는 것보다 빨리 대충 선택한 경우가 많았다고 답했다.

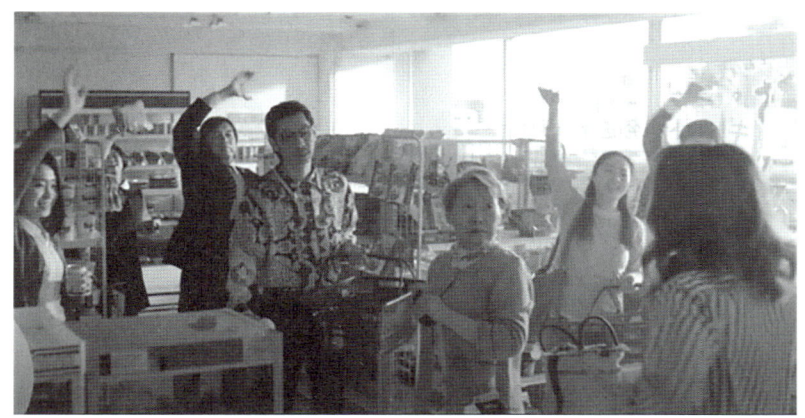

일본 공익광고 '관용 없는 시대, 현대 사회의 공공 매너란' 영상 캡처 / ad-c.or.jp

'느려도 괜찮아' 캠페인

일본에서 공익광고 '관용 없는 시대, 현대 사회의 공공 매너란' 테마의 '비난하기보다 격려해 주자'가 큰 반응을 끌었다. 뮤지컬 형식의 이 광고는 편의점에서 계산을 못하고 당황해하는 할머니에게 뒷줄의 청년이 "아무도 화 안 났으니 신경 쓰지 말고 당당하시라"는 노래로 시작해, 할머니의 답가로 "조폭처럼 생겨서 무서워했다. 나도 함부로 판단해서 미안하다"는 노래가 이어진다. "모두 서로를 존중하자"는 가사를 함께 부르자 편의점 직원이 "비난하기보다 서로 격려해 주자고요. 그것이 상냥한 세상"이라고 열창하며 끝맺는다. 비슷한 모티브의 '느려도 괜찮아' 캠페인이 우리 사회에서 지자체 중심으로 시행되고 있다.

왕십리 CGV에 설치된 '느려도 괜찮아' 코너 키오스크 / 성동구

　　성동구는 2021년 5월 생활밀착정책 아이디어 공모전을 통해 구민
으로부터 '느려도 괜찮아' 정책 제안을 받았고, 그해 8월 업체들과 협
의해 4대를 설치해 시행하기 시작했다. 이 캠페인은 키오스크 사용이
어렵거나 불편한 분들을 위해 천천히 사용해도 괜찮다는 배려 분위기
를 확산하고자 여러 대 키오스크 중 한 대를 '느려도 괜찮아' 코너로
지정한 것이다. 해당 코너에는 디지털 소외계층을 배려한다는 안내판

과 거리두기 대기선을 부착했다. 키오스크가 익숙하지 않은 노인 이용자는 '느려도 괜찮아' 코너를 이용하면서 뒷사람을 위해 빨리 사용하고 비켜줘야 한다는 심리적 부담을 덜고 천천히 사용할 수 있다. 캠페인을 시작한 성동구는 고령층이 디지털 기기 소외감을 느끼지 않도록 왕십리 이마트, CGV, 왕십리역 롯데리아, 메가박스 성수 등에 이 코너를 만들었다.

성남시 중원노인종합복지관은 이 캠페인이 성남동 인근에도 있으면 좋겠다는 생각을 가진 회원들과 함께 주변 점포, 다중이용시설 5개소(CGV 성남모란점, 카페소질, 쿠카쿠커피 중원구청점, 마망 베이커리, 롯데리아 모란점)와 관내 무인식권발급기, 카페지음 키오스크의 점주 등과 협의해 키오스크 배려 존을 설치했다. '느려도 괜찮아' 코너를 이용한 지역주민과 점주는 "뒷사람 눈치를 보지 않고 원하는 메뉴를 주문했다", "앞으로는 직원 도움 없이 주문할 수 있을 것 같다", "손님이 여유를 갖고 주문하면 주문 실수도 줄어들 것 같다" 등의 후기를 남겼다.

정부의 노인일자리사업에서도 '시니어 똑똑 디지털' 등 느인 디지털 교육을 확대 추진 중이다. 이에 대한 복지 예산 편성을 늘려 코로나 이후 급격히 증가한 키오스크 사용에 소외되는 노인층에 대한 배려와 '느려도 괜찮아' 존의 편성 확대가 시급하다. 각 지역 치매안심센터에서도 자가 검사 키오스크 설치 요청이 잇따르고 있지만 설치 비용과 관리 인력이 부족해 반영되지 못하고 있다.

고령자와 장애인 맞춤 키오스크는 1차적으로 제작사가, 2차적으로 이를 들여놓는 기관, 점주 등과 지역사회가 함께 관심을 가져야 한다. 제작사와 사용업체는 법으로 규제가 필요하고, 지역사회는 시민운동 형태의 확산이 요구된다. 특히 고령자는 집에서 고립되면서 노화와 치매 위험이 심각해진다. 키오스크가 노인의 고립을 심화한다면 초고령사회의 노인 건강과 삶의 질에 큰 위협이 될 것이다.

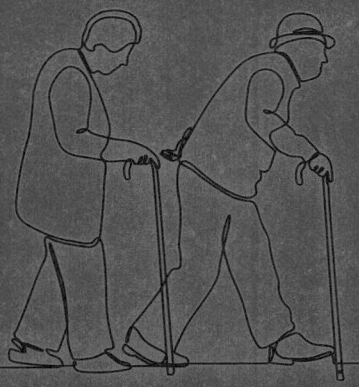

제
2
부

충격과
대응 전략

노인 돌봄 인력난,
이대로 둘 건가?

노인 돌봄 영역에 외국인을 도입한 일본 현황과 시사점
국내 노인 돌봄 서비스 개선 위해 외국인 도입하려면 어떤 고려를...

서울시 어르신돌봄종사자 종합지원센터의 2023년 설문자료(센터 이용자 179명 대상)에 의하면 노인 돌봄 인력 부족의 원인은 저임금 및 고용 불안 등 근로환경에 대한 불만(92.2%), 요양보호사에 대한 낮은 사회적 인식(56.4%)으로 조사됐다. 뒤이어 업무 강도와 내용에 대한 불만 (42.5%), 신입 요양보호사에 대한 적응 훈련 및 지원 미비(5.6%) 등이 따랐다. 특히 심각한 문제는 청년층이 돌봄 인력으로 유입되지 않는 점이다. 원인은 급여 수준이 낮은 업종(77.7%), 사회적 평판이 낮은 업종 (65.4%), 정신적으로 힘든 일이 많은 업종(53.1%)으로 조사됐다.

일본도 18세~50세 대상으로 개호 업계 취업을 꺼리는 이유를 조사한 결과 한국과 유사했다. 체력적으로 힘든 업종(54.5%), 정신적으로 힘든 업종(44.7%), 업무에 비해 급여 수준이 낮은 업종(32.0%) 순이다. 일본은 2008년부터 돌봄 인력 부족 문제 해결을 위해 외국인 고용을 도입했다.

우리나라 노인 돌봄 현장은 일본이 이미 겪은 문제들과 유사하다. 국내 노인 돌봄 분야의 인력 부족 현상은 이미 심각한 상태다. 간병직 기피 현상으로 2032년이면 최소 38만 명이 부족할 것으로 추산한다 (한국은행 조사국 보고서). 서울시는 2024년 9월부터 시범사업으로 가사도우미 외국 인력 유입을 도입했고, 외국인 유학생의 요양보호 분야 취업을 허용했다(특정활동 E-7 요양보호사 직종 신설). 외국인 유학생은 요양보호사 자격 취득이 가능해졌다(2024년 1월 이후 국내 대학 졸업자, 2024년 7월 이후 국내 대학 재학생 대상). 2025년 1월부터 법무부 출입국이민관리체계개선추진단은 외국인 요양보호사 양성대학 제도 도입을 논의 중이다. 그러나 요양보호사 등 노인 돌봄 영역의 외국 인력 도입에 관한 제도 자체가 부재하고, 내국인 일자리 질 저하 및 침해 문제 등 해결해야 할 과제가 산적하다. 이에 외국인 돌봄 인력이 활동하고 있는 일본 현황을 통해 초고령사회로 진입한 우리나라 돌봄 인력 수요 증가에 따른 노인 돌봄 정책에 필요한 시사점을 찾아본다.

본 내용은 국회도서관(관장 이명우)이 2024년 7월 11일 발간한 〈일본의 외국인 돌봄 인력 확보 방안〉(저자 구혜경 의회정보실 국회정보과 해외자료조사관)과 2025년 2월 27일 박지선 우송대 사회복지학 박사가 어르신사랑연구모임에서 발표한 "일본 노인 돌봄의 외국인 노동자 도입 현황과 시사점"을 토대로 작성했다.

일본 초고령화와 돌봄 인력수급 문제

일본은 2024년 9월 기준 전체 인구의 29.3%가 노인인 초그령사회로 노인 돌봄 인력에 대한 수요 급증이 심각했다. 한국은 2008년 7월 1일에 노인장기요양보험제도를 시행했지만, 일본은 8년 앞선 2000년 4월 개호보험제도를 도입했다. 일본에서는 돌봄을 '개호(介護)'로 호칭한다. 개호란 일상생활을 영위하는 데 지장이 있는 고령자와 장애인에게 사회적 인간으로서 지장 없이 살아갈 수 있도록 입욕, 배변, 식사 등을 지원하는 생활케어로 우리나라의 장기요양 서비스와 유사하다.

일본 내 돌봄 인력으로는 증가하는 개호 수요에 대처할 수 없어 2008년부터 외국인 돌봄 인력을 고용해 운영해 왔다. 외국인 노동자를 통한 돌봄 인력 확보는 2008년 경제동반자협정(Economic Partnership Agreement, EPA)으로 입국한 간호사·돌봄 인력, 체류자격 '개호', 기능실습, 특정 기능이라는 네 가지의 프로그램을 통해 이루어졌다(EPA: 성장 잠재력이 높은 신흥 국가를 포함한 다양한 국가와 폭넓은 협력에 초점을 맞춘 통상협정).

일본 돌봄 인력 수요와 사회 배경

일본 경제산업성에서는 65세 이상의 고령 인구 비율이 2040년에 35%(약 4천만 명 이상 추산)에 달하며, 요개호(要介護) 등급으로 인정된 인구 수 또한 정점을 이루어 988만 명을 차지할 것으로 예측한다(일본의 돌봄 등급: 요지원(要支援) 2개 등급, 요개호 5개 등급 등 7개 등급으로 운용). 이에 따라 돌봄 인력은 2040년에 280만 명을 확보해야 할 것으로 전망하는데, 이는 2019년에 비해 69만 명이 증가한 수치다.

일본 정부는 돌봄 인력 확보를 위해 교육연수 확대, 돌봄의 '일하는 방식' 변화모델 사업 추진, '돌봄의 날' 지정, 초·중·고생 대상의 홍보물 제작 등 노력을 기울여 왔으나 일본인 돌봄 인력만으로는 해결하기 어려운 상황이다. 이에 범국가적으로 외국인 돌봄 인력을 돌봄 현장에 투입하는 대책을 시행해 왔다. 고용된 외국인 돌봄 인력은 경력을 쌓아 개호복지사 자격을 취득하면 일본에서 영구 거주가 가능하다.

고령화로 인한 치매 환자 수와 유병률이 심각한 추세다. 일본 치매 환자 수는 2022년 443.2만 명에서 2050년 586.6만 명(인구의 약 15.1%)으로 추산하며, 경도인지장애 또한 그 숫자가 심각하다. 돌봄 수요 증가에 대한 대비책이 절실하다. 2000년 개호보험제도를 도입하면서 가족이 주로 담당한 돌봄을 국가와 사회 전체가 담당하기 시작했다. 돌봄 서비스에는 재택 돌봄, 데이 서비스, 돌봄 시설, 복지용품 지원 등 우리의 장기요양 서비스와 비슷하다. 2022년 기준, 개호가 즉시 필

「일본 개호 분야 외국인 돌봄 인력 도입 정책 발전 과정」

시기	내용
1993년 4월	외국인기능실습제도 창설
2008년 7월	인도네시아와 EPA 발효, 간호사/개호복지사후보자 도입
2008년 12월	필리핀과 EPA 발효, 간호사/개호복지사후보자 도입
2009년 10월	베트남과 EPA 발효
2010년 7월	체류자격 '기능실습' 창설
2014년 6월	베트남과 EPA에 의한 간호사/개호복지사후보자 도입
2017년 9월	유학생 대상 체류자격 '개호' 창설 법률 시행
2017년 11월	외국인기능실습제도 대상 직종에 '개호' 추가
2019년 4월	체류자격 '특정기능' 시행

외국인 간병인력 수용에 관한 정보 수집·확인 조사 최종 보고서
https://openjicareport.jica.go.jp/pdf/1000049727.pdf, 박지선 박사(우송대 사회복지학과)

요한 등급인 '요개호' 인정을 받은 고령자는 698만 명이다. 이들을 돌볼 수 있는 인력은 215만 명으로 매우 부족하다. 일본은 수년간 누적된 노인 돌봄 인력 부족을 해결하기 위해 「출입국관리 및 난민인정법」을 2023년 6월에 개정해 외국인 돌봄 인력 수용정책을 도입했다.

일본에서 외국인 돌봄 인력 고용은 2008년 7월 EPA에 따른 인도네시아의 간호사·개호복지사 후보자 도입으로 시작했다. 양국 간 경제활동 연계 강화 관점에서 공적 시스템상 특례적으로 실시한 것이며, '일본에서의 간호사·개호복지사 국가자격 취득을 위해 필요한 지식 및 기술 습득'을 목적으로 제도화했다. 인도네시아에 이어 필리핀은 2008년 12월, 베트남은 2014년 6월부터 간호사, 개호복지사 후보

인력을 유입했다.

2017년 9월에는 개호복지사 국가자격을 취득한 유학생을 대상으로 체류자격 '개호'를 창설했다. 이는 고령화에 따른 고품질 개호에 대한 요청 확대와 돌봄 분야 유학생 활동을 지원하려는 목적으로 체류자격을 확대한 것이다. 처음에는 양성시설 졸업 후 자격을 취득한 외국인 유학생을 고려한 것이었으나, 2020년 4월부터는 실무 경험을 거쳐 개호복지사 국가자격을 취득한 경우에도 체류자격 '개호'의 대상이 될 수 있었다.

2017년 11월, 외국인기능실습제도의 대상 직종에 '개호'를 추가했다. 기능실습제도란, 일본에서 익힌 기능, 기술 또는 지식을 해당 개발도상국의 경제발전에 지원하는 인재 육성 목적으로 만든 제도다. '개호' 직종의 추가는 돌봄 인력의 확보가 목적이 아니라 기능 이전이라는 제도 취지에 부합해 도입한 것이다. 이들 중 일부가 일본 내에서 개호 활동을 하고 있다.

2019년 4월에는 본격적인 돌봄 인력 확보를 위해 체류자격 '특정 기능'을 창설해 '개호'도 대상에 추가했다. 체류자격 '특정 기능'은 '생산성 향상이나 일본 국내 인재의 확보를 위해 노력해도 여전히 인재 확보가 어려운 상황에 있는 산업 분야에 일정한 전문성과 기능을 갖추고 바로 현장에 투입이 가능한 외국인을 고용하기 위한 제도로 시행했다. 외국인 돌봄 인력 고용의 문호를 대폭 확대한 제도라고 할 수 있다.

외국인 돌봄 인력 고용 체계

일본은 무분별한 외국 인력 수용으로 돌봄 서비스의 질이 저하되는 것을 우려해 외국인 근로자 돌봄 인력을 점진적으로 확대하는 방식을 취했다. 2023년 말 기준 돌봄 분야에 종사하는 외국인 근로자는 55,665명에 달한다.

일본의 외국인 돌봄 고용시스템은 EPA, 개호, 기능실습, 특정기능 1호라는 4개의 기본 제도가 유기적으로 연결되는 것이 특징이다. 초기 '개호' 비자는 유학생만이 대상이었으나, 현재는 특정 기능 1호, EPA 개호복지사 후보자도 대상자에 포함된다.

특정기능 1호 소유자가 돌봄 시설에서 3년 이상 근무·연수를 받거나 EPA 개호복지사 후보자가 4년 이상 근무하면 개호복지사 자격증 취득을 전제로 '개호' 비자를 받을 수 있다. 다른 한편으로는 EPA와 기능실습생이 특정기능 1호로 전환할 수 있는 길도 열려 있다. EPA는

체류자격	체류자 수	비고
EPA 개호복지사·후보자	3,186명(자격 취득자 587명)	※2024년 3월 1일 기준(국제후생사업단 조사)
체류자격 '개호'	9,328명	※2023년 12월 말 기준(법무성)
기능실습	14,751명	※2023년 6월 말 기준(법무성)
특정 기능	28,400명	※2023년 12월 말 기준(법무성)
합계	총 55,665명	

외국인 간병인력 수용의 현황과 향후 방향에 대하여 / 일본 후생노동성(2024.3.27),
일본의 외국인 돌봄 인력 확보 방안, 구혜경 의회정보실 국외정보과 해외자료조사관

「외국인 돌봄 인력 고용시스템」

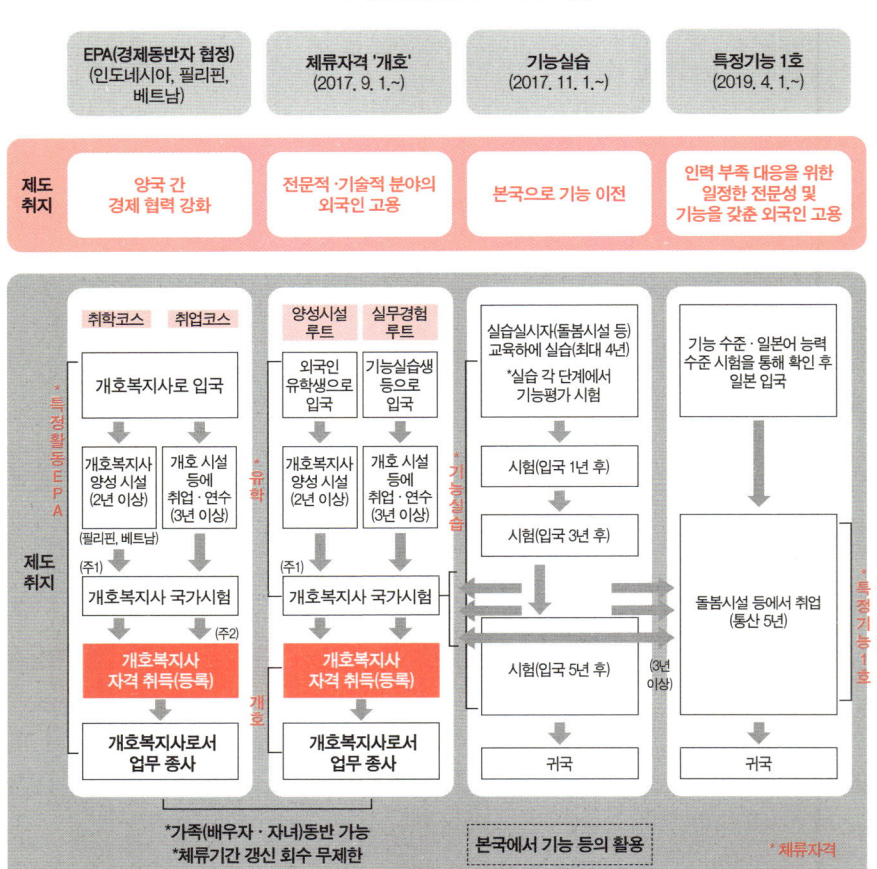

외국인 돌봄 인력 고용시스템 / 일본 후생노동성. 2024.6.12.
https://www.mhlw.go.jp/content/12000000/000994004.pdf, 일본의 외국인 돌봄 인력 확보 방안.
구혜경 의회정보실 국외정보과 해외자료조사관

4년 차에 개호복지사 자격시험에 불합격하면 본국에 돌아가야 했지만, 지금은 특정 기능 1호로 전환해 일본에 계속 체류할 수 있다. 기능 실습생 또한 3년 동안 돌봄 시설에서 근무하면 특정기능 1호로 비자를 바꿀 수 있다.

개호복지사 후보자 자격으로 일본에 입국해서 4년간 돌봄 시설에서 근무한 뒤 일본 '개호복지사자격증'을 취득하면 비자를 므기한 갱신할 수 있으며 가족 동반도 가능하다. 체류자격 '개호'는 전문성 있는 외국 인력을 일본 내에서 양성하기 위한 제도로 일본 내 외국인 유학생이 간호 전문학교 등 교육기관(2년 이상)을 졸업하고 개호복지사 자격을 취득하면 가족 동반 및 무기한 갱신 가능한 개호 비자를 취득할 수 있다.

외국인 돌봄 인력 국적 분포

특정기능 자격 외국 인력의 국적은 베트남이 가장 많고 인도네시아, 필리핀, 미얀마, 네팔 순이다. EPA 개호복지사후보자가 들어오는 3개국이 상위 3위를 차지했다. 상위 5개국이 전체의 90%를 차지한다.

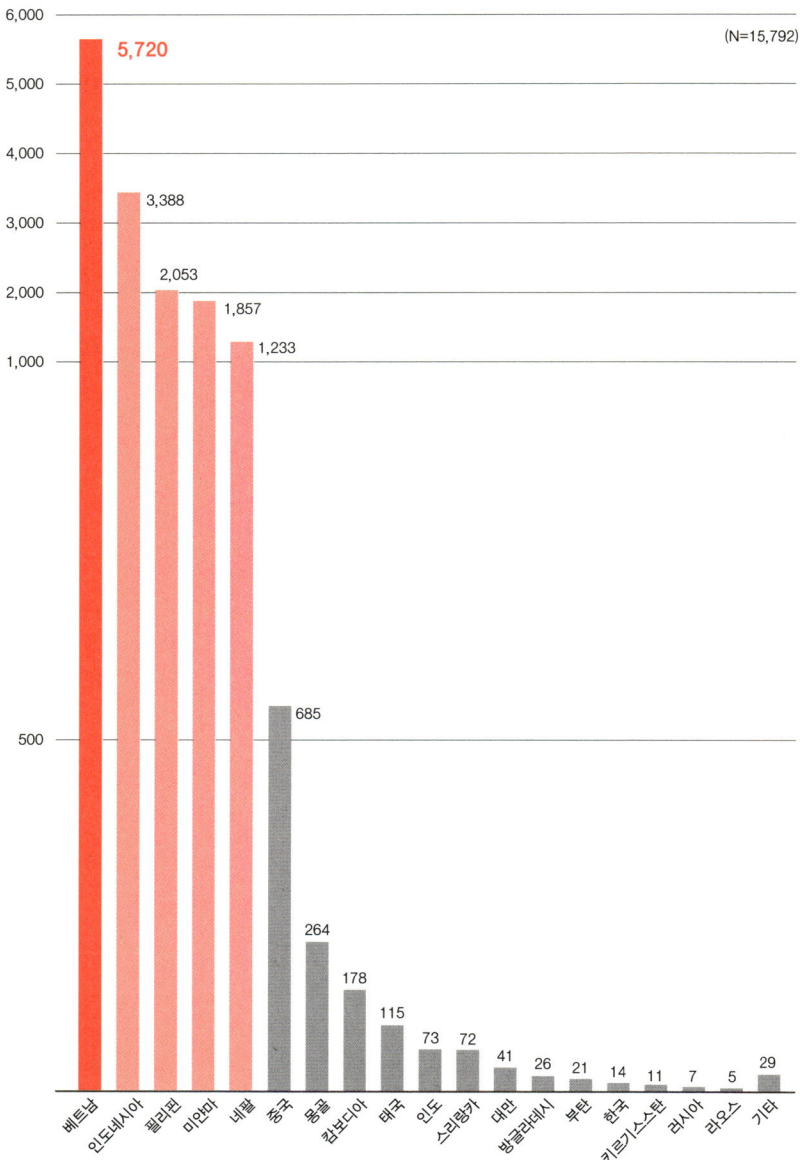

6,000

5,720

5,000

4,000

3,388

3,000

2,053

2,000

1,857

1,233

1,000

(N=15,792)

685

500

264

178

115

73   72

41   26   21   14   11   7   5   29

베트남 인도네시아 필리핀 미얀마 네팔 중국 몽골 캄보디아 태국 인도 스리랑카 대만 방글라데시 부탄 한국 키르기스스탄 러시아 라오스 기타

특정기능 자격 외국 인력 국적 / 후생노동성(2024.03.16.)
https://global-kaigo.or.jp/wp-content/uploads/document_yoshida_20240316.pdf,
박지선 박사(우송대 사회복지학과)

외국인 돌봄 인력의 처우

돌봄 근로자의 임금 수준은 다른 산업 직종에 비해 낮은 편이기 때문에 2017년 12월, 아베 정부는 '새로운 경제정책 패키지'를 통해 1,000억 엔(한화 9,795억 원) 정도의 예산을 투자해 근속연수 10년 이상의 개호복지사에게 월 8만 엔(한화 78만 원) 상당의 처우 개선 수당을 지급하는 등 급여를 인상했다.

2021년에 취임한 기시다 정부 또한 분배정책의 하나로 2022년 2월부터 돌봄직 등의 임금인상 정책을 시행했다. 2022년 2월부터 돌봄 직원 급여에 1인당 월 약 9,000엔(한화 8만 8천 원)의 수당이 지급되고 있다. 또한 2023년도 추경예산에 '돌봄 직원의 처우 개선 사업'으로 126억 엔(한화 1,234억 원)을 편성하고, 2024년 2월부터 급여를 월

「2023년도 외국인 노동자의 체류자격 구분별 임금」

(단위: 천엔, 세, 년)

체류자격 구분	임금	평균 연령	근속기간
외국인노동자 총계	232.6	33.0	3.2
전문적·기술적 분야(특정 기능 제외)	296.7	31.8	3.0
특정 기능 1호, 특정 기능 2호	198.0	28.9	2.4
신분에 따른 것(영주자, 일본인 배우자 등)	264.8	44.7	5.7
기능 실습	181.7	26.2	1.7
기타(특정 활동 및 유학 이외의 자격 외 활동)	231.3	30.8	2.5

2023년 임금 구조 기본 통계 조사 개요 / 일본 후생노동성(2024.3.27.), 일본의 외국인 돌봄 인력 확보 방안.
구혜경 의회정보실 국외정보과 해외자료조사관

6,000엔(한화 5만 9천 원) 인상했다. 처우 개선 수당은 대부분의 돌봄 시설에서 외국인과 일본인 구분 없이 동일 기준으로 지급되며, 내외국인의 급여 수준도 크게 다르지 않다. 진급 또한 동일한 요건을 적용하고 있다.

외국인 돌봄 인력의 서비스 만족도 평가

외국인 개호직원의 개호 서비스 만족도와 일하는 태도에 대한 평가는 매우 만족함과 대체로 만족함이 80%대로 좋은 편이다. 6개월 근무 후부터 안정적인 것으로 나타났다. 설문 결과에서 EPA 개호복지사 후보자와 일본인 돌봄 직원의 급여 차이가 없는 시설이 77%에 달하며, 서비스 이용자 및 가족의 평가도 평균 87.7%로 높은 수준을 보였다.

외국인 돌봄 노동자의 경우에는 1년 동안의 근무 기간에도 불구하고 업무에 자신감을 가지고 있으며, 일본인 직원의 친절한 도움을 받아 만족하고 있다고 했다. 다만 일본어 의사소통에서 어려움을 겪으며 일본어 교육의 내실화는 강화해야 할 사항으로 분석됐다.

일본 노인 돌봄 외국인 인력 도입의 시사점

EPA는 자국에서 간호교육을 받은 전문 인력으로 일정한 간호 및 개호 지식과 일본어 능력을 갖추고 있어 유능한 인재를 도입에 장점이 있다. 그러나 자격 요건이 엄격해 참여자 수가 제한적이다.

체류자격 '개호'는 개호복지사 자격 취득을 전제로 해 높은 수준의 전문성과 언어 능력을 갖춘 인재가 현장에서 일하는 강점이 있다. 또한 체류 기간 갱신에 제한이 없어 외국인 입장에서는 장기적으로 근무할 수 있는 안정적인 고용 환경이 주어진다. 그러나 개호복지사 국가시험을 통해 자격을 취득해야 하는 장벽으로 인해 대상자가 역시 제한적이다. 참여를 독려하기 위한 유인책이 요구된다.

기능실습은 앞선 제도들에 비해 일본어 능력이나 자격 요건이 비교적 낮아 인력 유치가 상대적으로 용이하다. 그러나 실습 종료 후 본국으로 돌아가야 하는 상황으로 장기적으로 일본에 머무를 수 없어 지속적인 인력 확보에 한계가 있다.

특정기능 1호는 가장 최근에 만들어진 제도로 현장 인력 부족 해소에 이바지하기 위한 목적으로 신설됐다. 인력 부족 문제를 해소하는 목적에서 직접적인 경로를 제공하지만, 체류 기간이 5년으로 제한되며 특정기능 2호로의 연계 제도가 없어 장기적인 고용 안정성에는 한계가 있다.

일본 정부는 돌봄 인력 확보를 위해 외국인 근로자를 적극적으로 고용하고 있으며, 시설 업무에 국한해 고용해 온 외국인 돌봄 인력의 고용 범위를 2025년 4월부터 가정 방문 돌봄 영역으로 확대했다. 후생노동성은 2024년 3월 22일 전문가 검토회를 거쳐 체류자격 '특정 기능' 외국인이 방문 돌봄 서비스에 종사할 수 있도록 승인했으며, 제도가 시행 중이다. 또한 돌봄 시설에서 돌봄 유학생 확보를 위해 외국인 유학생을 고용할 경우, 일본어 학습 장학금으로 사용할 수 있는 보조금을 확대하는 정책도 시행했다(2023년 9월 18일 니혼케이자이신문).

일본 정부는 내국인과 외국인 노동자 간 처우 격차를 없애 서비스의 질을 유지하는 것에 정책 초점을 맞추고 있다. 특히 돌봄 업종의 경우 고령화사회에 필요한 필수 노동으로 받아들여 국적 차별 없이 동등한 대우를 하고 있다. 돌봄노동 현장이 고단한 업무에 낮은 처우로 극심한 인력 부족에 시달리고 있는 만큼 처우를 개선해 인력의 이탈을 막고 일본 내 정착을 유도하고 있다.

국내 인력 공급 체계 구축과 돌봄 서비스 안정화를 위해서는 외국인 돌봄 인력 수용을 적극적으로 도입할 필요가 있다. 2008년부터 외국인 돌봄 인력 확대 정책을 편 일본 사례를 검토해 외국인 돌봄 인력 도입 후 예견되는 문제 대응책과 서비스 평가, 한계점 분석, 개선책 제시 과정 등을 참고해 초고령사회 돌봄의 서비스 질 저하와 인력난 문제에 선제적으로 대응해야 한다.

참고 문헌
일본의 외국인 돌봄 인력 확보 방안. 2024.07.11. 구혜경 의회정보실 국외정보과 해외자료조사관(일본 담당)
일본 노인 돌봄의 외국인 노동자 도입 현황과 시사점. 박지선 우송대 사회복지학 박사

치매 환자 100만 명 시대, 돌봄 문제 심각

지역사회 치매 환자 가족의 45.8%가 돌봄 부담 고통
요양보호사 구인난 심각, 처우 개선 및 외국인 돌봄 인력 유입책 필요

인구 고령화로 국내 치매 환자 수는 지속적으로 증가하고 있다. 보건복지부가 2025년 3월 13일 발표한 '2023년 치매역학조사 및 실태조사 결과'에 따르면, 2025년 치매 환자 수는 약 97만 명**(치매 유병률 9.17%)**으로 예상되며, 2026년에 100만 명을 돌파할 것으로 전망했다. 치매 유병률은 65세 이상 인구 중 치매 환자 수의 비율이다. 고령일수록, 남성보다는 여성, 도시보다 농어촌, 가족 동거가구보다 득거가구, 낮은 교육 수준일수록 치매 유병률이 높은 것으로 조사됐다. 치매 환자 100만 명은 2023년 12월 기준 대한민국 총인구인 약 5,168만 명의 1.93%다. 즉, 우리 사회 구성원 100명 중 2명이 치매 환자인 시대를 마주하고 있다.

'2023년 치매역학조사 및 실태조사 결과'는 2008년, 2012년, 2016년 총 3차례 실시한 조사로 7년 만에 시행한 전국 단위의 치매역학조사다. 우리나라의 치매 유병률에 관한 최신 통계 및 치매 발병 위험 요인을 분석했다.

치매 환자 및 경도인지장애 진단자 증가 추세

2023년 치매 유병률 9.25%는 지난 2016년 역학조사에서 발표한 치매 유병률(9.50%) 대비 소폭(0.25%p) 감소한 수치다. 그러나 경도인지장애의 2023년 유병률은 22.25%이며, 2016년 역학조사 결과인 16.08% 대비 6.17%p 증가했다. 2044년에는 치매 환자 수가 200만 명을 넘을 것으로 예측한다. 경도인지장애 진단자는 2025년 298만 명(경도인지장애 유병률 28.12%), 2033년에 400만 명에 진입할 것으로 추정한다.

성별 치매 유병률은 남성 8.85%, 여성 9.57%로 여성이 높은 것으로 나타나고 있으나, 성별 격차는 점차 줄어드는 경향(남성 0.7%p↑, 여성 0.9%p↓)을 보였다. 이러한 성별 격차 감소에서 주목할 점은 남성의 치매 유병률 증가 경향이다. 이는 남성의 흡연율, 과체중·비만율, 당뇨병·순환기계 질환의 높은 사망률 등 남성과 여성의 건강행태 차이로 추측된다.

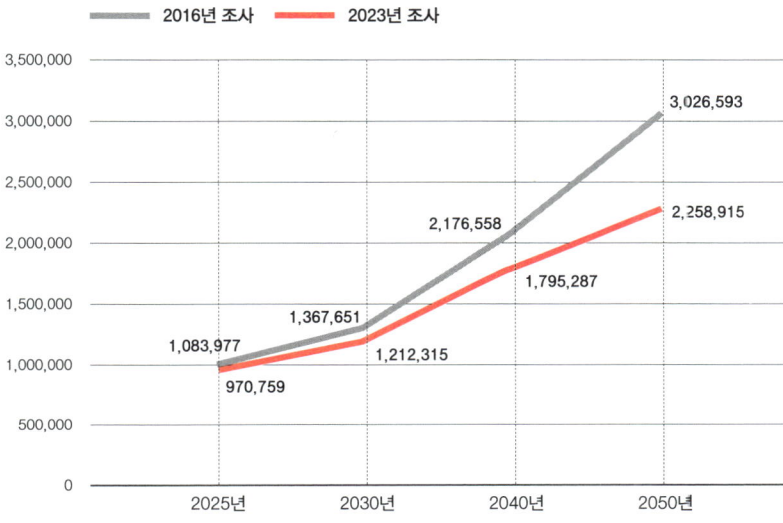

「치매 환자 추이(2016년, 2023년), 2023년 치매역학조사 및 실태조사 결과 발표」보건복지부

구분	2525년	2026년	2030년	2040년	2044년	2050년	2059년	2070년
2023년 조사	970,759	1,014,865	1,212,315	1,795,287	2,007,848	2,258,915	2,335,939	2,238,013
2016년 조사	1,083,977	-	1,367,651	2,176,558	-	3,026,593	-	-

「성별 치매 유병률, 2023년 치매역학조사 및 실태조사 결과 발표」보건복지부

구분	2008년	2012년	2016년	2023년
전체	8.07	9.18	9.5	9.25
남성	7.6	6.42	8.18	8.85
여성	8.34	11.12	10.46	9.57

연령별 치매 유병률은 75세 이상부터 급격하게 상승하고, 85세 이상은 20%대를 초과해, 나이가 많을수록 치매 유병률이 높아지는 것으로 나타났다. 연령 구간별로 남성과 여성의 치매 유병률 차이가 보였는데, 65세~79세까지의 연령에서는 남성의 치매 유병률이 여성보다 높았으나, 80세 이상 연령부터는 여성의 치매 유병률이 높은 것으로 확인됐다. 이러한 80세 이상 여성의 급격한 치매 유병률 증가는 전체 여성의 치매 유병률을 견인하는 결과를 보였다.

지역별로는 농어촌이 도시보다 치매 유병률이 높았고, 가구 유형으로는 독거가구(10%)가 배우자와 다른 가족들과 거주(5.2%)나 배우자와만 거주(4.9%)보다 높았다. 교육 수준으로는 무학 21.3%, 고졸 2.6%, 대학교 이상 1.4%로 나타났다. 즉, 농어촌에 거주할수록 독거가구일수록 교육 수준이 낮을수록 치매 유병률이 높은 것으로 확인됐다.

치매에 걸리기 쉬운 취약한 환경

치매 환자의 가구 형태는 1인 가구가 절반 이상(52.6%)을 차지했다. 이어서 부부가구 27.1%, 자녀동거가구 19.8% 순이었고, 중증도가 높은 가구에서 자녀동거가구 비율이 높았다.

또한 치매 환자는 전체 노인에 비해 건강·기능 상태가 취약해 1인당 평균 만성질환 개수는 지역사회 치매 환자는 5.1개, 시설·병원 치매

「치매 중증도별 가구 형태, 2023년 치매역학조사 및 실태조사 결과 발표」 보건복지부

구분	1인 가구	부부 가구	자녀동거 가구	기타
치매환자	52.6%	27.1%	19.8%	C.5%
경증	54.9%	27.9%	16.4%	0.8%
중등도	51.6%	29.0%	19.4%	0.0%
중증	25%	0.0%	75.0%	C.0%

환자는 4.2개로 전체 노인 평균 2.2개보다 많았고, 청력과 저작능력도 불편하다고 응답한 비율이 높았다. 우울 수준 역시 전체 노인 3.1점에 비해, 지역사회 치매 환자 5.8점, 시설·병원 치매 환자 7.1점으로 2배 가까이 높은 수준으로 나타났고, 신체활동 및 영양 관리도 전체 노인에 비해 취약한 것으로 확인됐다.

치매 돌봄 부담 문제

치매 환자와 가족의 돌봄 현황 등을 파악한 치매실태조사 결과, 지역사회 거주 치매 환자 가족의 절반에 가까운 45.8%가 돌봄 부담과 경제적 부담에 고통을 겪고 있다고 밝혔다. 비동거 가족의 경우는 주당 평균 돌봄 시간이 18시간, 장기요양 서비스, 치매안심센터, 유급 간병인 등 외부 서비스는 주당 평균 10시간을 이용하는 것으로 확인됐다.

「2023년 치매 환자의 치매 관리 비용, 2023년 치매역학조사 및 실태조사 결과 발표」 보건복지부

구분	지역사회 환자	시설 · 병원 환자
총 치매 관리 비용	1,733.9만 원(100%)	3,138.2만 원(100%)
보건의료비	438.2만 원(25.3%)	1489.1만 원(47.5%)
돌봄비	1,162.2만 원(67.0%)	1,533.1만 원(48.9%)
간접비	133.5만 원(7.7%)	116.0만 원(3.7%)

　　돌봄 과정에서 어려움은 경제적 부담이 가장 높았고, 요양병원 입원과 요양시설 입소 전 가족 돌봄 기간은 27.3개월이었다. 돌봄 중단 사유로는 가족원의 경제·사회활동으로 인해 24시간 돌봄이 어렵다가 27.2%, 증상 악화로 가족들 불편 문제가 25%로 나타났다.

　　치매 환자 돌봄 전후 가족의 삶의 질 변화와 관련해 응답자의 40% 정도가 부정적 변화를 경험했다고 응답했고, 그 중 정신건강의 고통에 대한 응답 비율이 가장 높았다. 또한 치매 환자 돌봄으로 인해 타 가족원(동거, 비동거 포함)과 갈등 경험률은 비교적 낮은 수준이며, 주요 갈등 사유로는 돌봄에 따른 비용 부담과 집중된 돌봄 부담으로 응답했다. 치매 환자 1인당 연간 관리 비용은 지역사회 1,733.9만 원, 요양시설 및 요양병원 3,138.2만 원이다. 보건의료비보다 돌봄비의 비중이 높게 나타났다.

치매안심센터 등 지원 기관의 인지도 및 이용률

한편 치매안심센터에 대해서는 치매 환자보다 가족의 인지도가 높았고, 치매 환자 가족은 경제적 비용 부담에 대한 정책 지원 욕구가 높은 것으로 조사됐다. 치매안심센터 인지도는 '들어본 적은 있다' 이상이 치매 환자 56.2%, 지역사회 가족 84.1%, 시설·병원 가족 85.7%였다. 치매 환자이면서 전혀 모른다는 비율이 43.8%여서 홍보가 더 필요하다.

또한 지역사회 거주 치매 환자의 치매안심센터 서비스 이용률은 치매 조기검진이 80%로 가장 높았고, 향후 이용 희망률은 치마 조기검진 77.4%, 돌봄 물품 제공 74%, 치매 치료 관리비 지원 71.9% 순으로 응답했다. 환자 지원 서비스인 지역사회 돌봄 서비스에 대한 치매 환자 가족의 인지도는 약 80%, 장기요양 재가 서비스는 67~96%의 인지도로 비교적 높은 수준인 것으로 확인됐다.

> **지역사회 돌봄 서비스:** 노인 맞춤 돌봄, 방문 건강 관리, 재가 노인 지원 서비스
> **장기요양 재가 서비스:** 방문요양·목욕·간호, 주야간보호, 단기보호, 복지용구, 배회감지기 대여

치매 정책 지원 욕구

치매 환자 가족들의 가족 대상 지원 정책에 대한 인지도는 치매상

「치매 정책 지원 욕구, 2023년 치매역학조사 및 실태조사 결과 발표」보건복지부

구분	치매 진단 과정		치매 치료 및 돌봄 과정		치매 환자 가족	
	1순위	2순위	1순위	2순위	1순위	2순위
지역사회	진단비 경감 (52.9%)	검진주기 단축 (24.3%)	경제적 비용 경감(62.9%)	치매 관리 및 돌봄 기관 확대 (12.9%)	경제적 비용 경감(42.9%)	돌봄 서비스 제공시간 확대 (28.6%)
시설·병원	진단비 경감 (54%)	검진 장소 확대 진단 절차 검사 방법 안내 (12.7%)	경제적 비용 경감(50%)	치매 관리 및 돌봄 기관 확대 (16.7%)	경제적 비용 경감(42.7%)	돌봄 서비스 제공시간 확대 (19.3%)

담콜센터 17.2%, 가족휴가제, 연말정산 인적공제 등 10% 내외로 전반적으로 낮았다. 그러나 향후 이용 의향은 높은 것으로 응답했다.

치매 관리 및 치매 환자를 돌보는 가족을 위해 우선으로 필요한 정책 욕구는 경제적 비용 경감이 공통으로 높게 나타났다. 구체적으로 진단 과정에서 진단비 부담 경감, 치료 및 돌봄 과정에서 경제적 비용 부담 경감과 치매 관리 돌봄 기관 확대, 치매 환자 가족 지원으로 경제적 비용 부담 경감과 돌봄 서비스 제공 시간 확대 욕구가 높다고 응답했다.

보건복지부는 치매역학조사 및 실태조사를 통해 확인된 치매 환자의 특성 및 치매 환자·가족의 정책 체감도, 치매 환자 가족의 돌봄 부담 등을 토대로 제5차 치매관리종합계획(2026~2030)을 수립할 예정이다.

사례관리전담팀 및 전담 사례관리자가 환자 욕구에 기반한 케어 플랜 설계·지원 계획을 세우고, 치매 가족들의 돌봄 부담 경감을 위해 장기요양 재가 서비스의 확대를 추진하겠다고 발표했다. 돌봄 필요도가 높은 중증 수급자(1, 2등급)의 재가급여 월 한도액을 시설입소자 월 한도액 수준으로 단계적 인상을 추진할 계획이다.

재가급여 월 한도액(2025년 1월부터 시행)
1등급: 206.99만 원 → 230.64만 원 / **2등급**: 186.96만 원 → 208.34만 원

요양보호사 구인난 심각

인구 고령화와 밀접한 관련이 있는 이러한 치매 환자 증가 추세에 치매 예방과 관리에 대한 사회적 관심과 노력이 절실하다. 가장 큰 문제는 '누가 돌보느냐'다. 중증도 높은 치매 환자는 24시간 보호 관리가 필요하다. 누가 환자 곁에서 매일 24시간 주시하며 돌볼 것인가? 생계를 책임져야 할 가족이 돌보지 못하면 방문요양보호사의 장기요양지원 서비스를 받는 것이 일반적인데 그 요양보호사로 종사하는 숫자가 턱없이 부족하다는 것이 큰 문제다.

요양보호사는 노인 보건의료 인력의 상당 부분을 차지한다. 노인장기요양보험 제도에 따라 방문요양, 시설요양 등 다양한 분야에서

활동하고 있다. 주요 업무는 어르신의 신체적, 정서적 지원을 통해 삶의 질 향상에 기여하는 것으로 노인인구의 증가와 함께 수요가 지속적으로 증가하고 있다.

2024년 7월 3일 국민연금공단이 개최한 '2024 제1회 NPS 포럼'에서 이희승 건강보험연구원 장기요양정책연구센터 부연구위원은 2021년 기준 요양보호사 자격증 소지자는 220만 7,000여 명이라고 발표했다. 그러나 이 중 실제로 장기요양기관에서 근무하는 인원은 47만 명 정도에 불과했다. 가족을 돌보고 있거나 다른 의료·복지기관에서 일하는 경우가 146만 9,000여 명이다. 남은 27만 7,000여 명 가운데 노화 등으로 인한 자발적 실업자(11만 명)와 장기요양수급자·환자(5만 6,000명) 등을 제외해도 상당한 유휴 인력이 존재한다.

요양보호사는 대부분 정년을 제시하지 않아 노인들이 상대적으로 쉽게 취직할 수 있는 직종으로 알려졌다. 따라서 2023년 12월 기준 요양보호사의 평균 연령이 61.7세로 고령화가 심각하다. 치매 돌봄 현장은 노인이 노인을 돕는 '노노케어(老老 CARE)'가 만연해졌다. 급증하는 치매 환자의 돌봄 문제를 해결하려면 유휴 요양보호사 인력을 끌어들이고 젊은 신규 요양보호사 유입을 늘려야 하는데 이를 위해선 요양보호사 처우 개선이 시급하다. 방문형 요양보호사의 경우 임금은 최저임금의 130~150%에 불과하고 95%는 계약직이다. 요양보호사 자격을 취득한 후 바로 현장에서 요양보호사로 활동을 시작하는 진입자 수가 매년 감소하는 이유가 열악한 처우 문제에 있다.

시설에서 근무하는 요양보호사는 하루 8시간씩 3교대 근무로 치매 노인 대여섯 명을 혼자 돌보는 근무 환경을 감당한다. 육체적으로도 고되지만, 환자와 보호자들에게 폭력이나 폭언, 성희롱 등 감정노동을 감수해야 할 때가 적지 않다. 급여에 비해 노동 강도는 높은데 무시하는 말을 들을 때 버티기가 힘들다. 이처럼 요양보호사에 대한 인식과 처우가 좋지 않다 보니 요양시설들은 구인난에 시달린다. 전문성을 인정받지 못하면서 업무 강도는 높은 문제로 대부분의 요양보호사는 어차피 비슷하게 낮은 급여라면 시설보다는 재가요양 서비스를 선호한다.

근로 조건, 임금, 업무 환경 등에 대한 문제로 인해 근로를 중단하기도 하고 다른 직종으로 이탈하는 선택을 하기도 한다. 간호조무사로 이직한 경우가 가장 많았으며 이어서 사회복지사, 시설장, 위생원, 사무원 순이었다. 근속 연수가 늘어날수록 요양보호사로 활동하는 인원이 감소해 4~5년 차에 약 50%만 요양보호사 활동을 지속했으며, 10년 차의 직종 유지율은 35.4%에 불과했다.

정부는 2027년에 요양보호사가 약 7만 9,000명이 부족할 것으로 전망했다. 외국인 돌봄 인력을 유입해서 해결하는 방안을 논의했다. 2024년 6월 28일, 국내 대학을 졸업한 외국인 유학생을 대상으로 요양보호 분야 취업을 허용하는 E-7 요양보호사 직종을 신설하고, 연

400명 범위에서 2년간 E-7 비자 자격 취득을 허용하는 시범운영 계획을 수립했다.

외국인 돌봄 인력의 국내 유입은 시간문제다. 돌봄 문제를 완화하는 거의 유일한 해결책이다. 그러나 노동시장과 경제에 미치는 영향은 복합적이어서 돌봄 정책의 효과를 지속적으로 모니터링하고, 국내 노동자와 외국인 노동자 간의 균형을 고려한 정책적 대응을 선제적으로 펼칠 필요가 있다.

참고 문헌
2023년 치매역학조사 및 실태조사 결과 발표. 보건복지부. 2025.03.12
요양보호사 근로환경 변화 탐색 연구. 국민건강보험공단 건강보험연구원 발간 웹진 〈Issue & View〉 2022.08.01.
이희승 건강보험연구원 장기요양정책연구센터 부연구위원. 행정자료를 활용한 장기요양 입소시설요양보호사의 근속 영향 요인 연구. 2020.

치매 노인의 행동권 보장, '슬로우 쇼핑'

도심 외곽에 사는 노인의 쇼핑 난민 문제 해결
치매 노인도 즐겁고 편하게 쇼핑 즐기는 민관 협력 모델 '슬로우 쇼핑'

'쇼핑 난민'은 일본에서 사용하는 용어로, 식료품이나 생활필수품을 구매할 수 있는 상점이 부족해 장보기가 어려운 사람들을 의미한다. 특히 고령화와 인구 감소로 인해 도심 외곽이나 농촌 지역에서 이러한 문제가 두드러지게 나타났다. 2011년 이후 쇼핑 난민 문제를 해결하기 위해 일본에서는 이동 슈퍼마켓이나 온라인 쇼핑 지원과 같은 다양한 대책이 시행되고 있다. 정부가 나서서 거주지 500m 이내에 식료품점이 없는 지역을 조사했고 이를 지원하는 정책을 마련했다. 대표적인 사례로 '도쿠시마루' 이동 슈퍼가 있다. 이 기업은 트럭을 이용해 다양한 식료품을 판매하며 쇼핑 난민 문제를 해결하는 데 이바지했다. 나아가 2019년에는 치매 노인의 쇼핑을 적극적으로 배려하는 프로그램도 시작했다.

2025년 4월 15일, 일본 돗토리현 구라요시시의 편의점 '패밀리마트 구라요시 키요시점'에서 한 행사가 열렸다. '슬로우 쇼핑'이라는 이름으로 치매 노인이 쇼핑을 즐길 수 있도록 현과 시, 패밀리마트가 공동으로 기획한 것이다. 행사에는 치매를 앓는 50~70대가 참가했다. 참가자들은 가족이나 점원의 도움을 받아 상품을 고르고, 일반 고객과 분리된 전용 계산대인 '느린 계산대'에서 계산하며 자신의 속도에 맞춰 쇼핑을 즐겼다. 한 참가자는 "재미있어요. 이런 곳에 자주 올 수는 없으니까요. 이렇게 쇼핑할 기회를 자주 열어 주셨으면 좋겠습니다"라고 말했다. 돗토리현 복지보건부 직원은 "슬로우 쇼핑을 개최하길 잘했다고 생각합니다. 함께 참여할 수 있는 점포가 늘면 좋겠습니다"라고 전했다.

일본은 치매 인구 증가에 대응해 치매 노인도 안전하고 편안하게 쇼핑을 즐길 수 있도록 한 '슬로우 쇼핑(Slow Shopping)'을 확산시키고 있다.

슬로우 쇼핑은 치매 환자나 고령자, 장애인, 임산부 등 쇼핑에 어려움을 겪는 이들이 눈치 보지 않고 천천히 쇼핑하도록 배려하는 서비스다. 이 개념은 2019년 일본 이와테현 다키자와시의 한 슈퍼마켓에서 '슬로우 체크아웃 라인'을 도입해, 빠른 계산이 어려운 손님들이 여

쇼핑 프로그램으로 신체 활동을 돕고 생활 습관 개선에 도움을 주는 쇼핑재활컴퍼니
日 쇼핑재활컴퍼니 홈페이지(shopping-reha.com/#contentsnew)

유롭게 쇼핑할 수 있도록 지원한 데서 시작됐다. 이후 후쿠오카현 유쿠하시시 등으로 확산했다.

일반 계산대와 별도로 '느린 계산대'를 설치해, 치매를 겪는 고객이 편안하고 여유롭게 계산할 수 있도록 했다. 계산원은 고객에게 "천천히 하셔도 괜찮습니다"라고 안내하며, 뒷사람의 눈치를 보지 않도록 배려한다. 계산대 직원들은 '치매 서포터 양성 강좌'를 수료했다. 전문 교육을 통해 치매 환자와의 소통에 능숙하며, 치매 노인의 이야기를 잘 듣고 천천히 응대한다. 또한 일부 매장에서는 특정 시간대에 '우선 계산대'를 운영하며, 자원봉사자가 치매 환자와 함께 쇼핑을 도와주는 서비스를 제공한다. 마켓 측에서도 치매 노인이 상품 표시를 알아보기 쉽게 개선했다.

매주 특정 요일은 '슬로우 쇼핑의 날'로 정하고, 비슷한 상품들로 선택이 힘들면 자원봉사자가 설명하며 도움을 제공한다. '느린 계산대'에서 자신의 속도로 값을 지불하며 눈치 볼 필요가 없다. 참가자들은 "슈퍼 외에 대형 쇼핑센터에서도 슬로우 쇼핑을 실시해 주면 좋겠어요" 등의 의견이 냈고, 현에서는 긍정적으로 검토해 보겠다고 답했다.

치매 노인은 슬로우 쇼핑으로 고립감에서 탈피해 쇼핑을 즐기면서 사회 참여와 연결을 유지할 수 있다. 또한 쇼핑 활동은 인지 기능 유지에 도움이 되며, 실제로 말수가 늘고 의욕적인 태도를 보이는 등 긍정적인 변화를 유도한 것으로 나타났다. 게다가 치매 환자도 소비자로 인식하도록 해 지역 경제 활성화에도 도움이 된다고 분석한다.

한국도 슬로우 쇼핑의 배려 정신과 연결되는 고령자와 장애인 친화 쇼핑 환경 조성의 노력을 기울이고 있다. 서울시는 2021년 고령자들의 보행 안전을 강화하기 위해 전통시장 4곳을 노인보호구역으로 지정했다. 이들 시장은 양천구 목동깨비시장, 도봉구 도깨비시장, 동작구 성대시장, 성북구 장위전통시장이다. 노인보호구역에서는 차량 속도가 시속 30㎞로 제한되고, 구역 내 주정차가 금지된다. 또한 보행신호 음성안내 보조장치, CCTV, 교통안전표지판 등을 설치해 고령자가 안전하게 쇼핑할 수 있는 환경을 제공한다.

그 외 고령자가 안전하고 편리하게 이용할 수 있는 전통시장 활성화 정책을 담은 '충남형 고령자 친화형 전통시장'(2020년)을 시행했고, 2024년 8월 23일 개점한 국내 첫 장애인 편의점인 CU 제주혼디누림터점은 휠체어 이용자를 위한 넓은 통로와 낮은 진열대 설치. 지역 장애인 단체와 협력해 장애인 근로자 일터로 지원하고 전문 교육을 연계했다. 장애인과 고령자가 편리하게 이용하도록 한 배리어 프리 편의점은 평창과 부산 등 전국으로 확산하는 추세다.

그러나 치매 노인이 자유롭게 쇼핑하도록 적극적으로 배려한 일본의 슬로우 쇼핑처럼 초고령사회에 늘어나는 치매 고령자의 사회 고립을 방지하는 민관 협력 모델은 요원하다. 인지장애 노인의 실제 행동권 보장까지 닿으려면 정책적 공감대를 통해 인식 개선 및 실천 사례를 축적하고 제도 보완에 적극적인 노력을 기울여야 한다.

배회 노인 실종 증가하는데
지문 사전등록 '저조'

2024년 치매 환자 실종신고 1만 5,502건...지문 사전등록 6,983명
지문 사전등록 등록률 저조 해결책은?

　　2024년 기준 중앙치매센터에서 발표한 추정 치매 환자 수는 91만 898.09명이다. 이는 65세 이상 노인 인구**(995만 5,476명)** 중 9.15%로, 고령화로 인한 치매 환자 수는 계속 증가하고 있다. 2023년 치매역학조사에 따르면, 2025년 치매 환자 수는 약 97만 명에 이를 것으로 추정하며, 2026년에 100만 명을 넘어설 것으로 보고 있다. 이러한 증가 추세는 치매 환자 실종 신고 건수 증가로 연결된다. 2024년 치매 환자 실종 신고 건수는 1만 5,502건**(2020년 1만 2,272건보다 26.3% 증가)**으로, 치매 환자 수 증가에 따라 실종 사례는 앞으로도 늘어날 것으로 예상한다. 배회하는 치매 환자에 대한 신고를 받고 경찰이 출동한 뒤 보호자에게 인계하는 방법이 지문 확인이다. 이를 위해 사전에 보호자 연락처와 집 주소를 파악하도록 '지문 등 사전등록제도'를 운영하고 있다.

우선 '지문 등 사전등록제도'는 치매 환자의 지문, 얼굴 사진, 보호자 연락처 등을 미리 등록해 실종 시 신속하게 신원을 확인하고 보호자에게 연락하도록 돕는 시스템이다. 등록은 가까운 경찰서, 지구대, 파출소 및 전국의 보건소와 치매안심센터에서 가능하며, '안전 Dream' 모바일 앱을 통해서도 등록할 수 있다. 실종 위험이 큰 치매

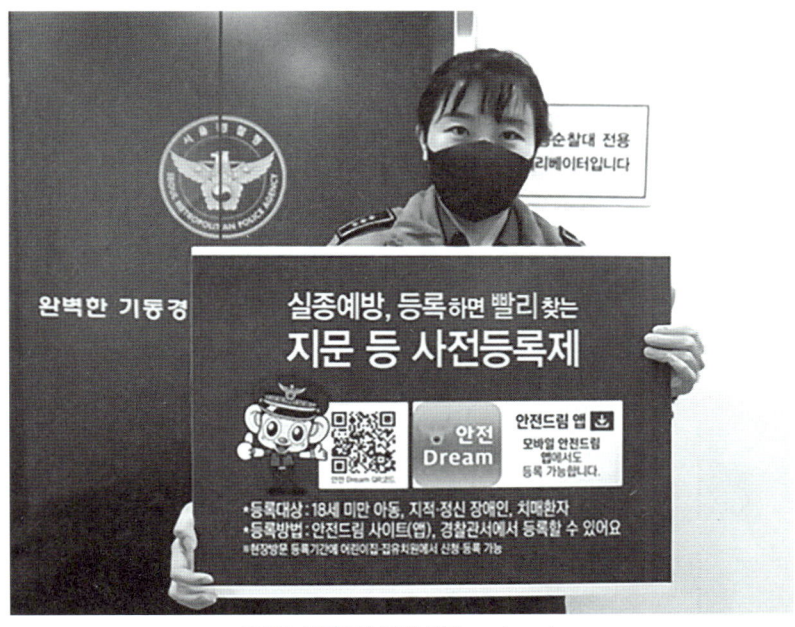

찾아가는 사전등록제 / 정책브리핑 www.korea.kr

환자뿐만 아니라 지적장애인, 자폐성 장애인 등도 등록 대상에 포함된다. 안전Dream 앱을 통해 신청하려면, 보호자 본인 인증, 등록 대상자 정보와 신체 특징 입력, 사진 및 지문 등록, 보호자 정보 입력, 개인정보 이용 동의 등이 필요하다. 치매 노인 실종 시 대부분 지구대로 인계되기에 안정적이고, 배회 노인은 휴대폰을 가지고 다니지 않거나 배터리가 떨어진 경우가 많아서 지문 확인은 보호자 연락과 귀가 조처에 최적의 도구다. 치매로 배회하는 노인의 상당수가 야외에서 장시간 방치돼 생명에 위협을 받는 사고로 이어지므로 지문 사전등록률을 높여 실효성을 확대할 필요가 있다.

경찰청에 따르면 지문 사전등록을 한 치매 환자는 2020년 3,590명에서 2024년 6,983명으로 늘었지만, 2024년 기준 누적 등록자는 3만 320명으로 전체 치매 환자 91만 명의 3.3%에 불과하다. 치매 환자의 지문 사전등록률이 저조한 이유는 무엇일까?

치매안심센터 관계자에 따르면 지문 사전등록률이 낮은 이유는 초기 치매 환자의 거부감, 보호자의 인식 부족, 독거노인의 보호자 미지정 문제, 절차의 복잡성 등으로 요약된다. 관계자는 "환자 본인이 '아직 괜찮다'고 생각해 등록을 거부하는 경우가 많고, 보호자 역시 '지금은 괜찮다'며 등록을 미루는 경향이 있다"며, "지문 등록 시 보호자를 필수로 지정해야 해, 독거노인의 경우 등록 자체가 어려운 현실"이라고 말했다. 더불어 고령자의 지문 인식률 저하, 등록 시스템의 연계 부족, 제도에 대한 홍보 부족 등도 문제로 지적되고 있다.

사전등록률 활성화 방안은?

지문 등 사전등록제도의 등록률을 높이기 위해서는 제도 운영 방식의 전반적인 개선이 필요하다. 현장에서 제안한 주요 해결책은 다음과 같다.

심리적 저항감 해소

'지문 등록=치매 낙인'이라는 인식을 줄이기 위해 '안전 등록', '안심 등록' 등 중립적 용어를 사용하고, 감성적 접근의 홍보 콘텐츠를 제작할 필요가 있다.

보호자 인식 개선 및 인센티브 제공

보호자에게 실종 사례 중심의 안내 자료를 제공하고, 등록 시 GPS 손목밴드 대여 등 실질적인 혜택을 부여하는 방안을 고려한다.

절차 간소화 및 접근성 향상

병원에서 치매 진단을 받는 즉시 '안전Dream' 앱을 통해 지문 등록으로 연결하는 원스톱 시스템 구축이 요긴하다. 또한 앱 이용이 어려운 고령층을 위한 방문 등록 서비스 확대와 지문인식이 어려운 노인을 위한 대체 생체 정보(**얼굴 사진, 음성 등**) 등록 방안도 필요하다.

독거 치매 노인의 보호자 부재 대책 마련

요양보호사, 방문요양센터장 등 제3자가 임시 보호자로 등록할 시에 실종 상황에서 보호자 역할을 하면서 불편함이 없도록 체계를 보완하고 공공후견인 제도를 적극 접목한다.

지속적인 대국민 홍보와 시스템 연계 강화

약국, 병원, 지하철 등 생활 접점 공간에서의 홍보 강화와 더불어, 보건복지부–경찰청–지자체 간 정보 공유 시스템을 강화하도록 한다.

치매 환자 실종 사고는 예고 없이 발생한다. 실종 후 24시간 안에 찾는 것이 생사를 가르며, 지문 등록은 안전한 귀가를 위한 수단이다. 치매가 '기억을 잃는 병'이라면, 지문 등록은 '가족을 다시 찾는 희망'이다. 실종을 막기 위한 사전 준비와 신속한 귀가 조처는 가족의 품으로 돌아가게 하는 가장 확실한 길이다.

배회하는 치매 노인,
신원확인 어려울 땐 어떻게?

노숙인 대응과 달라야 하는 치매 노인 보호조치
신원 불명 치매 노인 보호 위한 맞춤형 매뉴얼 필요

경찰이 배회 중인 치매 노인을 구조할 때 신원확인이 어렵다면 보호자에게 인계할 수 없고, 노숙인 보호 절차와 동일하게 처리될 우려도 있다. 이에 경찰과 지자체의 신원확인이 어려운 치매 노인 보호 대응 체계를 강화할 필요성이 커졌다.

대구 동부경찰서에서 초례봉 8부 능선 숲속에서 길을 잃고 탈진한 80대 치매 노인이 스마트태그(배회감지기)를 통해 위치를 확인해 구조한 사례가 있다. 보호자가 아버지 신발에 스마트태그를 부착했다고 경찰에 진술함에 따라 CCTV 분석으로 실종자가 홀로 초례봉 등산로로 이동한 장면을 확인했고, 이후 실종·형사팀, 경찰기동대, 소방, 민간

드론 등 41명을 동원해 등산로 5곳에 인력을 배치, 야간 수색을 벌여 해발 420미터 숲속에서 실종자를 발견했다. 과거에도 실종된 적이 있어 경찰이 보호자에게 스마트태그 사용을 권유했고, 이를 신발에 부착해 사용 중이었기 때문에 큰 탈 없이 구조해 냈다.

이처럼 사전에 치매 노인의 위치를 확인할 수 있는 예방 조치가 돼 있지 않으면 구조가 어렵고, 실종자를 구조해도 신원확인이 장시간 지연되면 가족에게 인계할 수 없는 상황이 발생한다. 신원확인이 안 되는 치매 노인의 경우 경찰은 지자체와 협조해 치매안심센터, 일시 보호시설 등으로 인계하도록 하지만, 치매안심센터는 치매 환자와 가족을 위한 상담, 조기검진, 인지 재활 프로그램 등을 제공하는 기관으로 장기 보호시설 기능은 수행하지 않는다. 다만, 일부 센터에서는 경증 치매 환자를 위한 낮 시간대 보호 프로그램인 '치매단기쉼터'를 운영하고 있다. 이 쉼터는 초기 안정화와 인지 기능 향상을 위한 프로그램을 제공하며, 24시간 보호를 위한 시설은 아니다.

치매안심센터 관계자 말에 따르면, 보통 지구대에서 일정 시간 임시 보호를 하는데 유치장에서 보호하기는 어려운 데다 지구대 보호 시간이 정해져 있어서 A지구대에서 B지구대, C지구대를 전전하는 경우도 있다고 한다. 따라서 신원이 확인되지 않은 치매 노인은 경찰과 지자체가 치매안심센터와 협력해 치매 환자의 초기 안정화와 보호를 위한 조처를 하되, 장기적인 보호가 필요한 경우 요양병원이나 장기요양기관 등 시설로의 연계를 고려해야 한다.

치매 노인 인권 보호 위한 국가인권위원회 권고

2017년 2월, 국가인권위원회는 치매 노인의 인권 보호를 위해 보건복지부와 기초 지방자치단체에 제도 개선을 권고했다. 치매 환자의 증가와 실종, 학대 등 사회적 문제 심화에 따른 조치다. 위원회는 보건복지부 장관에게 실종된 치매 노인의 단기보호를 위한 주야간보호시설 및 단기보호시설 연계 체계 구축, 노인의료복지시설 내 신체 억제대 사용에 대한 법적 근거 마련, 치매 상담센터의 사례 관리 확대를 위한 인력 지원, 치매 관리 사업 심의 과정에서 보호자의 참여 보장 등을 요청했다. 또한 지방자치단체장에게는 치매 상담센터 활성화를 위한 인력 확보, 경찰서 및 노인복지관 등 유관기관과 협력 체계 구축, 치매 예방 및 관련 서비스 홍보 강화를 권고했다.

이 권고는 헌법과 국제 인권 규약 등을 바탕으로 이루어졌으며, 치매 관리의 체계적인 개선을 통해 치매 노인의 존엄성과 권리를 보호하려는 목적을 담고 있다. 인권위원회는 정부와 지자체가 이를 적극 반영할 것을 촉구했다.

실종 치매 노인, 보호시설 인계의 한계

국가인권위원회가 치매 노인의 인권 보호를 위해 제도 개선을 권고한 이후, 실효성을 높이기 위한 관련 논의가 계속 이루어졌다. 치매 노인을 보호자에게 인계하기 어려운 경우 경찰과 지자체가 보호시설로 인계할 수 있는 법적 근거로 「실종아동등의 보호 및 지원에 관한 법률 일부개정법률안」이 2023년 3월 국회에서 발의돼 2025년 1월부터 시행되고 있다. 개정법은 치매 노인을 포함한 실종자의 보호자 확인 이후 복귀할 수 없거나, 보호자가 복귀를 거부·지연하는 경우에 경찰이 지자체와 협력해 보호시설에 인계할 수 있도록 했다.

이는 과거 보호자 확인 후 별다른 보호조치 없이 현장에서 공백이 발생했던 문제를 개선한 조치다. 경찰서장 또는 지자체장은 실종자의 복귀를 시도하되, 보호자가 노인 학대 또는 가정폭력 행위자이면 복귀를 중단할 수 있다. 이 경우 지자체에 보호시설 인계를 요청할 수 있으며, 요청받은 기관은 정당한 사유 없이 이를 거부할 수 없다. 치매 노인의 경우 '노인복지시설'이 인계 가능한 주된 보호처로 적용된다. 실종 치매 노인의 복귀가 현실적으로 어려운 상황에서 제도적 공백 없이 신속하게 보호조치가 가능하도록 인권 보호 및 지역사회 안전망 구축에 실질적 효과를 내도록 한 법안이다.

그러나 이 개정법은 '신원이 확인되지 않은' 치매 노인의 보호에 대해서는 직접적으로 명시하고 있지 않다. 조항은 보호자가 확인된 경우를 전제로 하며, 그중에서도 학대자이거나 복귀를 거부하거나 복귀가 현저히 지연되는 상황을 다루고 있다. 반면 보호자 자체가 확인되지 않은 경우, 즉 누구의 돌봄도 닿지 않는 치매 노인에 대해서는 명확한 조항이 없다. 치매 노인을 포함한 실종자 보호 체계에 있어 '보호자 확인 후 복귀 곤란'이라는 전제하에서만 보호시설 인계를 허용한 것이다. 이는 현장 경찰과 지자체의 보호가 미치지 못하는 법적 사각지대를 초래하므로 우려가 제기된다.

신원확인 불가한 치매 노인 보호 위한 맞춤형 대응 매뉴얼 필요

경찰은 신원확인이 불가능한 치매 노인은 일시 보호 후 지자체에 인계하는 방식으로 대응하지만, 지자체도 24시간 보호시설 부재, 법적 근거 부족 등으로 어려움을 겪고 있다. 이러한 상황에서 경찰과 지자체는 자체적인 행정해석에 따라 임시 조치를 하거나, 정신건강복지법에 따라 응급입원을 추진하거나, 노숙인복지법을 준용해 임시 보호를 시도하기도 하지만, 이는 치매 노인을 위한 맞춤형 법적 근거가 부재한 상태에서 이루어지는 조치일 뿐이다.

결론적으로 신원 미확인 치매 노인의 보호가 제도적으로 닥혀 있는 현실을 고려할 때, 치매 환자의 실종 예방과 신속한 신원확인을 위한 지문 등 생체정보 사전등록과 배회감지기 보급 확대가 중요하다. 특히 치매 환자를 위한 24시간 보호시설 확충과 체계적인 대응 매뉴얼 마련이 필요하다.

2022년 5월경, 보건복지부와 경찰청은 노숙인 응급조치 과정에서 치매 환자가 노숙인으로 분류돼 시설 입소를 의뢰받는 사례가 반복되는 문제를 인식하고, 관련 행정 절차를 재검토한 것으로 알려졌다. 신원확인이 어려운 성인 남성이 일정 시간이 경과한 후 지자체에 의해 노숙인 보호시설로 인계되는 사례가 발생해 왔다. 그러나 치매 노인은 노숙인과 보호의 목적과 방식에서 뚜렷한 구분이 필요하다는 지적이 나온다.

노숙인은 '노숙인 등의 복지 및 자립 지원에 관한 법률'에 따라 자활 및 자립 중심의 보호가 이뤄지며, 자발적 입소가 원칙이고 생활지도와 직업훈련이 병행된다. 반면 치매 노인은 '노인복지법', '치매관리법', '정신건강복지법' 등에 따라 건강 보호와 의료·돌봄이 우선된다. 판단 능력이 저하된 경우에는 공공후견 제도 등을 통해 법적 보호 체계가 작동하기도 한다. 입소 기준에서도 차이가 있다. 노숙인은 일정 요건을 갖춘 자활시설 등에 자발적으로 입소하지만, 치매 노인은 장기요양등급 판정을 받은 뒤 요양병원이나 전문시설에 입소할 수 있다. 특히 보호자가 없거나 가족이 보호를 거부하는 경우, 지자체가 공공후견인 선임 지원이나 복지 서비스 연계 등 보호조치를 의뢰할 수 있도록 제도화돼 있다.

보건복지부는 치매 환자의 특성을 고려한 보호시설과 지원체계를 확충해야 하며, 신원이 확인되지 않은 경우에도 적절한 의료 및 복지 서비스를 제공할 필요가 있다는 입장이다. 경찰 역시 치매 환자의 신원확인 절차를 개선하고, 보호자가 확인되지 않을 경우 적절한 보호시설로 연계하는 방안을 검토하고 있다. 신원 불명 치매 노인의 인권 보호와 적절한 보호 환경 제공을 위해 제도적 보완이 시급하다는 지적이 나온다. 전문가들은 실종된 치매 환자 보호 시스템을 강화하고, 경찰과 지자체 간 협력 체계를 확대해야 한다고 강조한다. 특히 신원 불명 치매 노인이 노숙인과 동일하게 분류되는 일이 없도록 법령상 신원 미확인 치매 노인 보호 조항 신설, 전용 임시 보호시설 설립, 경찰·지자체 간 매뉴얼 정비 등이 필요하다.

치매에 걸린 우리 부모,
그 재산은 어떻게?

100조 원에 달하는 '인지 보호 자산', 묶이지 않도록 제도적 해법 시급
치매 환자 가족의 경제권 보장과 금융 보호 대책 정비해야

치매 환자 자산에 관한 문제가 심각한 이슈로 떠오르고 있다. 일명 치매 환자의 소득, 부동산, 금융자산을 일컫는 '치매머니'는 일본에서 쓰기 시작한 '認知症マネー'에서 유래한 용어로 정부와 언론이 이를 그대로 쓰고 있다. 하지만 '치매'와 '머니'가 결합해 '관리되지 못하는 돈' 혹은 '눈먼 돈'으로 오해할 수 있고 치매 환자의 자산을 도구적·비인격적으로 전달해 사기와 착복의 대상으로 인식하게 만드는 우려가 있다. 이에 치매머니를 '인지 보호 자산'으로 대체하고, 이에 대한 규모, 사고 사례와 지침, 정책 제안 등을 정리한다.

국내 인지 보호 자산의 규모는 2025년 5월 6일 저출산고령사회위원회가 2023년 기준 154조 원으로 발표했지만, 이는 치매 환자 수를 중앙치매센터 발표 통계와 큰 격차를 두고 추산한 것으로 정확한 금액으로 수용하기 어렵다.

2024 중앙치매센터 연차보고서에 따르면, 2024년 기준 65세 이상 고령 인구는 995만 5,476명, 추정 치매 환자는 91만 898.09명이다. 2026년에 100만 명이 넘을 것으로 전망한다. 그러나 저출산고령사회위원회는 2023년 기준 65세 이상 치매 환자 수를 124만 명으로 집계했다. 중앙치매센터 발표와 30만 명이나 차이가 난다. 한국은행과 통계청 자료의 65세 이상 고령자의 1인당 평균 금융자산이 1억 원 이상임을 중앙치매센터가 발표한 치매 환자 숫자에 대입하면, 인지 보호 자산의 규모는 100조 원에 달할 것으로 추산된다.

인지 보호 자산은 치매 노인의 의사 표현이 어려워짐에 따라 금융기관 인출이나 관리가 제한되는 재산이다. 사실상 실물 경제 활동에서 격리되어 비활성 자산이 될 가능성이 커져 치매 가족의 경제적 부담으로 작용하고 사회적 비용 상승으로 이어진다.

20년 먼저 초고령사회에 진입한 일본의 경우

고령의 치매 환자들이 보유한 동결 자산으로 인한 문제는 2006년 초고령사회에 진입한 일본에서 먼저 대두됐다. 일본 후생노등성에 따

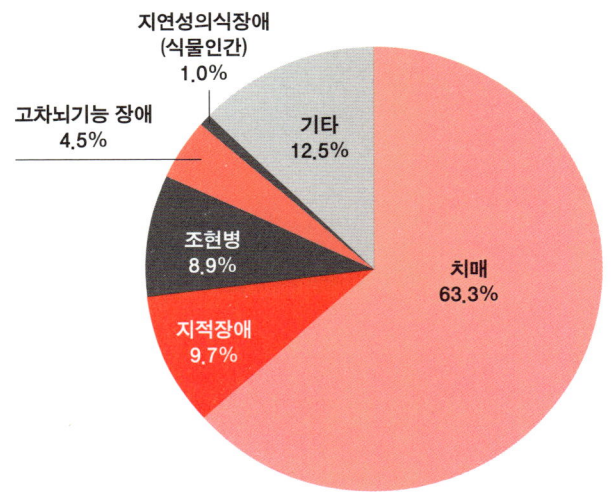

일본의 성년후견 개시 원인에 치매가 전체의 63.3%를 차지한다(통계로 알아보는 우리나라
후견[감독]사건의 현황 _제4장 일본의 성년후견 관계 사건의 통계 현황) / (사)한국성년후견지원본부·일본최고재판소
성년후견 관계 사건의 개황 통계(2023년 1월~12월)

르면 2024년 기준 65세 이상 치매 환자 수는 471만 명, 경도인지장애
환자 수는 558.8만 명으로 추정한다. 65세 이상 고령자 중 치매 환자
비율은 12.9%로 우리나라의 9.15%보다 높다. 후생노동성은 2040년
이면 일본은 치매 환자 수 약 584만 명, 경도인지장애(MCI) 환자 수 약
612만 명으로 총 1,196만 명(전체 고령자의 약 30%)에 달해 65세 이상 고
령자 3~4명 중 1명은 치매 또는 경도인지장애를 앓을 것으로 예상한
다. 이러한 증가 추세를 반영해 치매 예방과 조기 진단 정책을 강화하
며, 인지 보호 자산이 국가 경제에 부정적 영향을 미치는 것에 대한 대

책도 강구 중이다.

2023년 말 기준, 일본의 치매 환자가 보유한 금융자산은 약 126.6조 엔(1,139조 원)으로 추정하며, 이는 전체 가계 금융자산의 5.8%에 해당한다. 2035년 말에는 이 수치가 약 221.9조 엔(1,997조 원)으로 증가할 것으로 예상하며, 이는 전체 가계 금융자산의 7.3%를 차지할 것으로 보인다. 또한 치매 환자가 보유한 부동산 자산은 약 80조 엔(720조 원)으로 총자산 규모는 약 255조 엔(2,295조 원)에 이르며, 이는 일본 가계 자산 총액의 8%를 차지한다. 이러한 막대한 자산이 치매로 인해 비활성화되면, 소비와 투자 활동이 감소해 경제 성장 둔화에 막대한 영향을 미친다. 또한 자산 관리의 어려움으로 금융사기나 오용의 위험이 증가하고, 이는 고스란히 사회적 비용을 증가시키는 요인이 된다. 특히 고령자의 자산이 도시 지역에 집중돼 있어, 지역 간 경제 격차를 심화시키는 원인이기도 하다.

일본 정부와 금융기관은 성년후견제도, 가족신탁, 사전 위임장 제도 등을 통해 치매 환자의 자산을 보호하려는 노력을 기울이고 있다. 그러나 이러한 제도의 이용률이 낮은 편이며, 절차의 복잡성과 비용 부담이 주요 장애 요인으로 지적된다. 따라서 제도의 간소화와 접근성 향상, 대국민 인식 제고 캠페인, 금융기관의 역할 강화 등이 거론되고 있다.

치매 부모 자산 관리 가이드

일본 금융회사 리소나(Rosona) 그룹에서 부모가 치매 진단을 받았을 때 자산 관리를 위한 지침을 내놓았다. 우선 치매 노인 당사자에게 일어나는 금전 문제로 계획성, 판단력, 욕구 조절 저하로 금전 관리가 불가능하고 충동구매 위험 큼, 노인을 겨냥한 사기 위험 증가, 가족이나 지인이 돈을 훔쳤다고 생각하는 망상 많아짐, 가족 중 한 명이 돈을 관리하면서 발생하는 친족과의 갈등 증폭, 은행의 본인 확인 절차 복잡성으로 당사자의 의료·개호 비용을 가족이 대납해야 하는 문제 발생 등을 들었다.

실제로 일본의 2021년 기준 평균 개호 비용은 초기 비용(입소비, 보증금, 시설 이용료 등 포함)이 약 7천만 원, 매달 약 800만 원으로 조사됐고, 평균 개호 기간은 61개월로 약 5억 5,800만 원이 필요한 것으로 나타났다.

치매 가족이 금전 관리할 때 주의점으로 부모의 돈 관리 권한을 성급히 빼앗지 않음, 가족 전체가 치매에 대한 이해를 깊게 하는 것이 우선임, 판단 능력이 저하될 경우를 대비해 일상생활과 의료 및 돌봄에 드는 돈 관리를 어떻게 할지 가족 전원의 합의점을 도출함 등을 내세웠다.

치매 환자 자산 보호의 열쇠, 성년후견제도

일본은 치매 당사자가 인지 기능 저하로 의사결정이 어려울 때의 권리를 보호하고 자산을 안전하게 관리하기 위해 성년후견지도를 우리보다 앞서 도입했다. 인지 보호 자산을 제대로 보호하기 위한 복합적 대응이 필요한 가운데, 성년후견제도의 중요성이 가장 주목받고 있다. 하지만 한국은 여전히 낮은 활용률과 복잡한 절차로 인해 제도가 활성화되지 못한 반면, 일본은 인지 보호 자산 대책의 핵심 장치로 자리매김하고 있다.

일본은 2000년, 기존 금치산 제도를 폐지하고 성년후견제도를 도입했다. 이후 고령사회에 맞춘 법 개정과 금융기관 연계, 지자체 차원의 지원이 이어지면서 2022년 기준 누적 이용자 수는 25만 명을 넘어섰다. 반면 한국은 2013년 민법 개정으로 후견·보조·한정후견 제도를 마련했지만, 2023년까지 누적 이용 건수가 약 8천 건에 불과하다. 전문가들은 "절차가 복잡하고 법원의 개입 부담이 커 가족들이 신청을 꺼리는 경향이 있다"고 분석한다.

후견 유형도 다르다. 특히 양국 모두 중등도 치매 환자를 위한 제한적 보호 제도를 두고 있지만, 성격에는 차이가 있다. 한국의 한정후견은 일부 중요한 법률행위에 대해 법원이 정한 범위 내에서 후견인이 대리하거나 동의할 수 있도록 한다. 재산 처분, 대출, 부동산 매매 등이 대상이다. 반면, 일본의 보좌(補佐) 제도는 후견인이 지정된 중요 행위에 대해 동의권만 행사할 수 있고, 대리는 원칙적으로 불가하다. 자율성 침해를 최소화하겠다는 의도가 반영된 구조다.

가장 중요한 대목은 치매가 진행되기 전에 미리 준비하는 '임의후견'의 활용 현황이다. 일본은 본인이 건강할 때 민법 및 임의후견계약법(任意後見契約法)에 따라 미리 후견인을 지정하는 비율이 높다. 공증을 통해 후견 계약을 체결하며 본인의 의사결정 능력이 저하되면 후견 계약이 발동된다. 후견인은 재산 관리뿐만 아니라 의료 결정 등 폭넓은 권한을 가지며, 한국보다 활성화돼 있고, 후견계약 남용 사례가 보고되기도 한다. 한국은 주로 재산 관리에 초점이 맞춰져 있다.

즉, 일본은 미리 준비하는 후견제도의 의미를 실현하고 있고 한국은 이름뿐이다. 즉, 치매 이전에 본인이 미리 후견인을 지정하는 임의후견제도의 활성화 여부에서 양국이 차이를 보인다. 일본은 사전 계약을 통해 법무사나 가족을 후견인으로 지정하고, 금융기관이 이를 인정하는 시스템이 자리 잡고 있다. 이에 비해 한국의 임의후견은 법제는 존재하나 실질적 이용은 거의 없어 '잠자는 제도'로 남아 있다. 이유는 제도 인지 부족, 치매 발병 전 준비라는 개념의 거부감, 절차의 복잡성과 비용 부담, 제도 설계의 실효성 부족, 금융기관 등 민간 부문의 연계 부족 때문으로 나타났다.

인지 보호 자산이 보호되려면 제도 설계와 실행력이 중요하다. 치매 인구가 100만 명에 이르고, 그들의 재산이 약 100조 원으로 추산

되는 상황에서 성년후견제도는 단지 개인의 문제가 아니라 사회 전체의 자산 안정성과 직결되는 문제다. 한국은 일본의 사례를 살펴서 실질적 보호와 자율성 사이에서 균형을 맞추고, 이용 접근성을 높이기 위한 제도 정비에 적극적으로 나설 필요가 있다. 일본의 사례에서 알 수 있듯이 초고령사회에서 일어나는 경제 둔화를 막으려면 인지 보호 자산 관리를 위한 제도적, 사회적 대응이 시급하다.

성년후견제도는 법적 안정성은 높지만 실제 이용이 낮음으로 활용도 제고와 함께 금융기관과의 협력, 신탁제도 활용, 지자체 연계 보호 시스템 등을 함께 운영해 복합 대응 체계를 갖춰야 한다. 단일 제도에 의존하기보다는 가족·법·금융·지자체의 연계된 보호 시스템을 점진적으로 구축해야 실질적인 효과를 거둘 수 있기 때문이다.

반복되는 요양시설 낙상 사고, 어떻게 개선할까?

기저귀 갈다 환자를 떨어뜨린 사고에 법원 "병원 공동 책임"
돌봄 인력 보강과 서비스 질 개선 위한 자금 투입이 근본 해결책

2022년 5월, 광주의 한 요양병원에서 뇌경색으로 거동이 어려운 90대 환자가 낙상해 사망에 이른 사고가 발생했다. 요양보호사가 침상에서 환자를 뒤집던 중 57㎝ 높이에서 환자가 바닥에 떨어져 머리를 다쳤다. 이후 뇌수술을 받았으나 폐렴으로 인한 패혈증으로 사망에 이르렀다. 이 사건은 단순 사고로 끝나지 않았다. 유족 5명은 병원장과 요양보호사를 상대로 손해배상 소송을 제기했고, 2025년 5월 12일 광주지법 제4민사부는 피고의 배상 범위를 일부 조정하면서도 공동 책임을 인정했다. 1심에서는 각 원고에게 424만 원을 지급하라고 했고, 2심에서는 이를 262만 원으로 줄이되 과실 책임 50%를 유지했다.

재판부는 "요양보호사의 고의는 아니지만, 사망에 영향을 준 낙상 사고의 책임을 피고가 져야 한다"며 병원장이 낙상 방지 교육을 여러 차례 실시한 바에 따른 책임 면책 주장도 기각했다. 이 판결은 요양시설 내 안전관리와 업무 지시 체계의 허점 그리고 요양보호사의 돌봄 미숙과 과중한 업무, 근무 인원 부족 등 복합적인 문제를 드러냈다. 일반적으로 요양보호사는 요양원**(장기요양기관)**에서 근무하나, 요양병원 **(의료기관)**에서 근무하는 경우도 있다. 요양병원에서 요양보호사는 주로 간호조무사나 간호사 보조 업무, 환자의 일상생활 지원 업무를 수행한다.

반복되는 낙상 사고, 요양보호사 업무 과중 등 구조적 문제

요양원에서 환자가 넘어지거나 침대에서 떨어지는 사고는 여러 차례 보도됐다. 2023년 9월, 서울 송파구의 한 요양병원에서 70대 요양보호사가 환자 이동 도중 병원 복도에서 넘어져 골반 골절을 입는 사고가 발생했다. 사고 당시, 요양보호사는 두 명의 환자를 동시에 돌보며 이동하고 있던 것으로 알려졌다. 사고의 원인은 나이 든 요양보호사가 한 명의 환자를 돌봐야 하는 상황에서 두 명의 환자를 돌보다가 발생한 것으로 분석된다. 병원 측은 당시 인력 부족 상황에 따라 안전한 환자 이동을 위한 지원을 하지 못한 것으로 보인다. 사고 직후 요양보호사는 장기 병가에 들어갔으며, 산재 처리는 이루어졌으나 보상은 미비하다는 지적이 제기됐다. 피해 요양보호사는 사고 후 치료와 회복에 많은 시간을 소모한 것으로 전해졌다.

2021년 6월, 부산의 한 요양병원에서 거동이 불편한 환자를 부축하던 요양보호사가 환자와 함께 넘어지며 어깨 골절을 입는 사고가 발생했다. 해당 병원은 2인 1조로 환자를 부축해야 한다는 지침이 있었으나, 인력 부족으로 요양보호사가 혼자 근무하면서 사고가 났다. 사고 후 요양보호사는 치료를 받았으며, 병원은 사고 처리와 관련하여 제대로 된 대책을 마련하지 않았다는 비판을 받았다. 2020년 12월, 인천의 한 요양병원에서 요양보호사가 환자를 욕실에서 돌보다가 환자가 미끄러지며 넘어졌다. 환자는 머리를 다쳐 병원에 재입원했으며, 사고는 욕실 안전 장비 부족과 요양보호사의 업무 미숙에서 비롯된 것으로 분석됐다. 병원은 이후 욕실 안전 장비를 추가로 설치했다.

요양보호사 관련 대부분의 사고는 인력 부족, 교육 미비, 안전 장비 부족 등의 구조적 문제와 연관이 있다. 특히 요양보호사의 과중한 업무 부담이 주요 원인이다. 사고를 방지하려면 적절한 교육, 인력 보강, 안전 시스템 강화가 필수적이다.

낙상은 요양보호사 개인 실수가 아니다

요양보호사는 대한민국 초고령사회의 최전선에서 중요한 역할을 하고 있는데도 이들의 안전과 복지는 시스템 밖에 놓여 있다. 대부분 요양원의 인력구조가 최소 인원 기준에 맞춰져 있어 낙상 사고와 같은 불상사에 취약할 수밖에 없다. 요양보호사들은 환자 이동, 위생 관리 등 중요한 업무를 수행하는 과정에서 과중한 업무 부담과 사고 위험에 노출된 환경에서 근무한다. 요양원 관계자들은 입을 모아 "요양보호사의 실수로 보기엔 사고가 잦다"고 말한다. 이번 광주지법의 판결은 그나마 책임을 일부 명확히 했다는 점에서 의미가 있지만, 현장의 구조적 문제를 근본적으로 해결하진 못했다. 낙상은 우연이 아니다. 제대로 된 인력 배치, 정기적인 안전교육, 법적 보호장치가 마련되지 않는 한 사고는 계속해서 발생할 것이다.

요양보호사 근무 유형, 유휴 인력 비중 높아

보건복지부 및 국민건강보험공단 자료에 의하면 2023~2024년 기준 요양보호사 자격자 취득 누적 수는 200만 명 이상으로 매년 10만 명 이상이 신규로 자격증을 취득한다. 이 중 실제로 활동하는 요양보호사는 전체의 25% 정도로 45만~50만 명이다. 유휴 요양보호사(미취업자)가 75%나 된다.

「요양보호사 자격증 관련 수치(2023~2024년 기준)」 한국보건사회연구원

항목	수치(대략)	비고
누적 자격증 취득자 수	약 200만 명 이상	매년 약 10만 명 이상 신규 취득
실제 활동 요양보호사 수	약 45만~50만 명	전체의 약 25% 정도
유휴 요양보호사 수(미취업자)	약 150만 명 이상	전체의 약 75%

*유휴 요양보호사: 자격증은 있으나 요양보호사로 근무 중이지 않은 사람들

「근무 형태별 분포(실제 종사자 기준, 2023년 기준 추정)」 노인장기요양보험 통계연보

근무 형태	비율(대략)	비고
시설요양(요양원, 주간보호센터 등)	45~50%	고정 근무지, 교대 근무 형태 많음
방문요양	40~45%	시간제 근무 중심, 1:1 돌봄
가족요양(가족요양보호사)	10~15%	제도상 제한 있음, 보호자 중심

2023년 기준 실제 종사자의 근무 형태별 분포로는 시설요양(요양원, 주간보호센터 등)과 방문요양이 각각 45~50%, 가족요양이 10~15%다. 자격증을 취득하고도 실제로 현장에 나가지 않는 요양보호사가 전체의 70% 이상인 것은 열악한 근무 환경, 낮은 처우가 주요 원인으로 지적되고 있다.

요양보호사의 근무 형태는 크게 시설요양, 방문요양, 가족요양으로 나뉜다. 시설요양은 상대적으로 수입이 안정적이지만, 교대 근무 부담, 인력 부족에 따른 과중한 업무 등으로 꺼리는 요양보호사가 많다. 방문요양은 특히 50~60대 여성이 선호하는 근무 형태로, 가사와 병행이 가능하고 시간 조절이 수월하다는 장점이 있다. 가족요양은

제한된 조건(수급자의 직계가족 또는 배우자 등)에서 가능한 형태이며, 제도 활용 비율이 낮다.

방문요양 및 가족요양 근무자, 실질 소득 낮아

방문요양은 국민건강보험공단에서 1일 최대 4시간까지 인정하지만, 장기요양보험 수가로는 최대 3시간까지만 인정한다. 돌보다 보면 3시간을 넘길 수 있어서 4시간까지 가능하며, 추가 시간의 저정 부담은 요양기관 또는 보호자 측에서 감수해야 한다.

「장기요양보험 급여 제공 시간에 따른 방문요양 인정 시간(2024년 기준)」 국민건강보험공단

실제 제공 시간	인정 시간 구간	예시
60분 이상 ~ 90분 미만	1시간	기본 서비스
90분 이상 ~ 120분 미만	1.5시간	중간 서비스
120분 이상 ~ 150분 미만	2시간	표준형 서비스
150분 이상 ~ 180분 미만	2.5시간	확장형 서비스
180분 이상 ~ 240분 미만	3시간	최대 인정 범위

이러한 급여 체계에서 월 한도는 수급자의 장기요양등급에 따라 다른데 1등급의 경우 최대 월 1,672,000원 한도로 수령하니, 실질적으로 요양보호사가 방문요양으로 버는 액수는 생계에 큰 도움이 되지 않는다.

요양보호사가 방문요양으로 현실적인 소득을 확보하려면 하루에 한 명 이상의 수급자를 방문해야 하고, 실제로 많은 방문요양 요양보호사가 여러 가정을 방문하는 방식으로 근무하고 있다. 이동 시간은 수가에 포함되지 않고, 동일 시간대 중복 서비스 제공은 불가능해 같은 시간에 두 사람을 동시에 돌볼 수 없다. 한 가정에 어르신 부부가 모두 장기요양 수급자면 다른 시간대로 서비스를 구분해서 청구해야 한다. 장기요양보험은 1:1 개별 돌봄 서비스를 원칙으로 하기 때문이다.

「방문요양, 실제 근무 형태 예시」

시간대	수급자	장소
오전 9:00 ~ 11:00	A 어르신	○○동
오전 11:30 ~ 13:30	B 어르신	인근 지역
오후 15:00 ~ 17:00	C 어르신	타 지역

하루에 3가정을 방문해 각각 2시간 여 서비스를 제공하면 하루 6시간 × 13,000원(평균 수가 기준)으로 약 78,000원, 월 20일 근무 시 160만 원이 되지 않는다. 직업으로서의 안정성이 매우 취약하다.

가족요양의 경우 공단이 인정하는 1일 제공 시간은 1시간이고, 이를 기준으로 월 최대 인정 시간은 20시간밖에 되지 않는다. 계산해 보면, 가족요양으로 받을 수 있는 월 최대 급여는 공단 부담 100%(기초생

활수급자 등)인 어르신을 돌본 경우 27만 원, 공단 부담 85%의 일반적인 경우 23만 원 정도에 불과하다.

요양보호사 낙상 사고 근본 해결책

이러한 방문요양과 가족요양의 낮은 급여 체계보다 낫지만 업무 강도가 높은 곳이 시설요양 근무다. 다시 문제 핵심으로 돌아간다. 시설 근무 요양보호사의 낙상 사고를 예방하기 위한 근본적인 해결책은 무엇일까? 결국 인력 추가 투입과 서비스 질 개선을 위한 대규모 자금 투입이 관건이다. 현장에서 이를 해결하는 데 가장 큰 장애물이 바로 재정 문제다. 요양시설의 인력 부족은 이미 잘 알려진 문제이며, 이러한 인력 부족을 해소하기 위한 추가 비용은 시설 운영 예산에 심각한 영향을 미친다. 이 문제를 해결하기 위해서는 정부의 예산 지원 확대와 효율적인 자원 배분이 필수적이다.

먼저 정부의 예산 지원 확대가 중요하다. 요양보호사의 인력 충원과 서비스 질 개선을 위한 자금을 마련하려면, 국가 차원의 정책적 지원이 필요하다. 사회복지 예산을 늘리고, 요양보호사 인력 충원을 위한 특별 예산을 확보하는 것이 필요하다. 정부는 요양보호사들이 일하는 현장의 근로 환경 개선을 위해 별도의 재정 지원을 강화하고, 서비스 질 향상에 대한 인센티브 제공을 통해 시설들이 질 높은 서비스를 제공할 수 있도록 해야 한다. 우선 현장을 직접 확인하고 관계자의 목소리를 청취하는 소통의 장 마련이 시급하다.

둘째, 서비스 이용자의 부담을 재조정하는 것이다. 요양보호사 부족 문제를 해결하려면 서비스 이용자의 부담을 적정하게 조정할 필요가 있다. 현재 고령화사회에서 요양 서비스의 수요는 증가하지만, 서비스 가격 상승이 큰 문제로 떠오르고 있다. 이를 해결하기 위해서는 정부 보조금을 확대해 저소득층 환자가 충분히 양질의 서비스를 이용할 수 있도록 하고, 가격 책정 시 비용 효율성을 고려한 합리적인 시스템을 구축해야 한다.

셋째, 민간 투자 유도와 공공-민간 협력을 늘리는 것이다. 사회적 책임에 소명이 있는 기업들이 요양시설에 투자하도록 유도하고, 공공-민간 협력 모델을 통해 자금을 확보하는 방안을 추가로 검토해 볼 수 있다. 민간 자본 투입 활성화로 시설의 서비스 질 향상과 인력 충원에 도움이 되어 이용자들에게 더 나은 돌봄 환경을 제공하는 결과로 이어질 것이다.

넷째, 기술 혁신을 통한 업무 효율화 도모다. 기술 혁신은 요양보호사의 업무를 효율적으로 개선하는 중요한 해결책이다. 현재 낙상 위험이 있는 환자는 경고문을 침상에 붙이고 주의를 요하도록 하지만, 의료기기 박람회에 전시된 최신 기술 접목 장비들은 낙상 위험 환자의 사고를 원천 차단하고 있다. 이러한 케어 관리 시스템을 도입해 요양보호사의 업무 부담과 사고 위험을 줄이고 환자 돌봄의 질을 높이는 방법을 모색할 수 있다. 모바일 앱을 활용한 환자 상태 모니터링 시스템, 이동 보조 기기 등을 적극 도입하도록 보조금을 늘리는 방안을 마련해야 한다. 이는 낙상 사고를 예방하는 동시에 요양보호사들의 서비스 효율성을 높이는 데 기여할 것이다.

마지막으로, 요양보호사들이 업무 중 발생하는 사고에 대한 산재 보상 등 법적 지원을 강화해야 한다. 요양보호사 대상의 산업안전보건법 개정과 사회적 보호 강화가 이루어져야만, 이들의 근로 환경이 개선되고 낙상 사고와 같은 사고 발생 시 적절한 보상과 지원을 받을 수 있다.

결론적으로, 요양보호사 낙상 사고를 예방하기 위해서는 충분한 돌봄 인력 확보와 서비스 질 개선을 위한 재정적 지원이 필수적이다. 이를 위해 정부의 지원 확대, 민간 투자 활성화, 효율적인 자원 배분 등 종합적인 해결책이 마련되어야 한다. 또한 사회적 책임을 다하는 여러 주체가 협력해 안전하고 질 높은 요양 서비스를 제공할 수 있는 기반을 구축해야 한다. 무엇보다 요양보호사의 전문성을 인정하고 존중하는 사회적 분위기를 조성하는 것이 중요하다.

전문직 경력 살린
노인일자리 확대해야

은퇴 후 전문직 경험 살린 사회참여형 일자리 모델 확대
치매 5등급 노인에게도 사회적 역할 부여...포용적 공존 정책 마련해야

2025년 2월 3일, 세종시는 100% 퇴직 경찰관으로 구성한 시니어 폴리스 발대식을 열었다. 시니어 폴리스는 퇴직 경찰관들이 지역 사회에서 범죄 예방과 교통안전 지원 등의 역할을 하는 노인일자리 프로그램이다. 이들은 자전거 절도 예방, 교통사고 방지, 공익 신고 등의 업무를 담당하며, 지역 사회 안전망을 강화하는 데 투입됐다. 세종시는 퇴직 경찰관만으로 시니어 폴리스를 출범시켜, 기존의 노인일자리와 차별화된 전문성을 특징으로 내세웠다. 이들은 하루 3시간씩, 주 15시간 활동하며, 월급으로 약 73만 원을 받았다.

시니어 폴리스는 범죄가 많이 발생하는 평일 오후 3시부터 6시까지 학원가와 우범지역을 순찰하며 자전거 절도 및 교통사고의 예방 활동을 펼쳤다. 특히 무질서하게 놓인 자전거와 개인형 이동 장치(Personal Mobility 전동킥보드, 전기자전거 등)를 정리하고, 청소년을 대상으로 자전거 잠그기를 권유하는 등 캠페인 활동도 진행했다. 청소년들이 타인의 자전거를 무단으로 이용한 뒤 방치하는 것에서 착안한 '문제 해결적 경찰 활동(Problem-Oriented Policing)'에 나섰다.

세종시는 시니어 폴리스 출범 100일을 맞아 성과를 발표했다. 2월부터 4월 말까지 자전거 절도 통계 집계 결과, 2024년 총 33건에서 2025년 24건으로 27%가 감소했다. 올바른 자전거 문화도 확산하는 효과가 나타나 시니어 폴리스는 지역 사회의 안전을 지키는 든든한 파수꾼으로 자리 잡았다.

자전거 절도 감소, 올바른 자전거 이용 문화 확산 등 지역사회 안전에 기여하는 시니어 폴리스 / 세종시

퇴직 경찰로만 구성하는 마을 순찰대 모집 공고를 본 경력 36년의 베테랑 형사인 김성복 씨(72세)는 흰색 웨스턴 햇과 푸른 베스트를 입은 시니어 폴리스로 은퇴 후 제2의 인생을 살고 있다. 절도 예방 순찰을 다니며 만나는 초중고 학생들과 소통에 능숙하다. 이러한 은퇴 뒤 자기 전문직 경력을 살려 일하는 고령층은 실제로 많지 않다. 과거 경력을 살려 일하는 것이 효율적인데 정부 지원 노인일자리 사업의 실제 현황은 환경 정화, 복지시설 지원 등 공익활동형에 치중해 있다.

노인일자리 현황

초고령사회에 대응하는 핵심 과제가 노인일자리 창출이다. 정부는 다양한 노인일자리 정책을 추진하겠다며 2025년 약 2조 1,847억 원의 예산을 투입해 총 109만 8천 개의 노인일자리를 제공하겠다고 발표했다. 이는 2024년보다 확대된 규모로 공익형 일자리는 65.4만 개

「2024~2025년 노인일자리 현황 비교:
2025년 수치는 보건복지부 발표(2024년 12월 1일)를 바탕으로 추정」 보건복지부

구분	2023년	2024년	2025년	증감('23~'24)	증감('24~'25)
총계	88.3만 개	103.0만 개	109.8만 개	+14.7만 개	+6.8만 개
공익활동형	60.8만 개	65.4만 개	69.2만 개	+4.6만 개	+3.8만 개
사회 서비스형	8.5만 개	15.1만 개	17.1만 개	+6.6만 개	+2.0만 개
민간형	19.0만 개	22.5만 개	23.5만 개	+3.5만 개	+1.0만 개

에서 69.2만 개로, 사회 서비스형 일자리는 15.1만 개에서 17.1만 개로, 민간형 일자리는 22.5만 개에서 23.5만 개로 증가한 수치다.

노인 인구 증가와 함께 노후 생활 지원을 강화하기 위한 정책적 결정으로 2025년 노인일자리 관련 예산 2025년 2조 1,847억 원은 2024년보다 1,583억 원 증액 편성한 규모다.

노인일자리 지원사업의 유형과 업무

2025년 보건복지부 노인일자리 지원사업에서 공익형 일자리는 전체의 약 63.5%를 차지한다. 사회 서비스형과 민간형도 2024년 대비 소폭 증가했다. 공익형 일자리는 주로 환경 정화, 복지시설 지원, 지역 사회 봉사 등의 활동으로 저소득층 노인의 소득 보장과 사회 참여를 돕는 역할을 한다.

공익형은 봉사활동 중심, 사회 서비스형은 전문 영역 지원, 민간형

「2024년 노인일자리 유형별 급여 및 주요 업무:
월급은 2018년 이후 6년 만에 7% 인상」 보건복지부

유형	주요 업무	근무 시간	월급
공익형	노노케어(취약 노인 돌봄), 환경 정화, 공공시설 봉사	월 30시간	약 29만 원
사회 서비스형	교육시설 학습 보조, 금융 업무 지원, 가스 안전 관리	월 60시간	약 76만 원
민간형	시장형 사업단(카페 운영, 택배 업무), 취업 알선형(청소, 경비)	업체별 상이	150단 원 이상 (업처별 상이)

은 시장 기반의 일자리 형태다. 구체적인 조건은 지역 및 업체별로 다르며, 해당 기관의 공고에서 정확한 정보를 얻을 수 있다.

국회 보건복지위원회 소속 서미화 더불어민주당 의원은 2024년 6월 기준 정부의 노인일자리 사업에 참여한 총 101만 8,876명을 분석한 결과를 보건복지부 산하 한국노인인력개발원으로부터 받았다. 이 자료에 따르면, 노인일자리 지원사업의 참여자는 70대가 49.8%인 50만 7,222명으로 가장 많았고, 80대 25.9%(26만 3,419명), 60대 23.7%(24만 1,273명), 90대 0.7%(6,926명)이었다. 심지어 100세가 넘은 고령 노인 36명도 노인일자리에 참여해 고령층의 참여 의사가 높은 것으로 나타났다.

2023년 전체 노인일자리 사업에서 발생한 안전사고는 3,086건으로, 이 중 공익형에서만 2,673건의 안전사고가 발생해 전체의 86.6%를 차지했다. 또 중도 포기율이 12.6%(9만 1,130명)로 다른 사업보다 높은 것으로 파악됐다. 노인일자리의 질적 관리가 필요하다는 지적이다.

경력형 노인일자리 창출 사례

시니어 폴리스와 같이 전문 경력을 활용한 노인일자리는 사회 서비스형에 해당한다. 한국노인인력개발원이 발행한 〈2023년 노인일자리 및 사회활동 지원사업 통계동향〉에 따르면, 사회 서비스형 일자리 참여 인원은 2022년 45,764명에서 2023년 63,058명으로 증가했다. 이는 전년 대비 약 38% 증가한 수치로, 전문성과 경력을 활용한 일자리의 수요가 높아지고 있음을 보여준다.

KDI**(한국개발연구원)**와 16개 경제부처가 공동 발간하는 경제정책지 〈나라경제〉 2023년 9월호에서, 정부는 사회 서비스형 노인일자리 비중을 2027년까지 15% 이상으로 확대하고, 이를 통해 약 8만 5천 개의 전문 일자리를 제공하겠다고 밝혔다.

사회 서비스형 일자리는 퇴직 교사, 간호사, 상담사 등 전문성과 경력을 보유한 노인이 참여하는 분야로 교육, 심리상담, 건강관리, 문화예술 활동 등 지역사회에 실질적인 기여도가 높은 효율적인 일자리다. 월 60시간 근무 기준으로 활동비 76만 원을 지급하며, 소득 보조를 넘어 노인의 삶의 질과 자존감을 높이는 데 이바지하는 유형기다. 직업적 전문성을 살린 사회 서비스 일자리 확대는 초고령사회에서 노인의 사회 참여와 경제 활동을 촉진하는 긍정적인 신호다.

인지 지원 등급 등 초기 치매 환자에게 노인일자리는?

경도인지장애**(MCI)**나 초기 치매를 진단받은 어르신들이 무리 없는 일자리에 참여할 경우 여러 긍정적 변화를 기대할 수 있다는 연구들이 발표됐다. 전문가들에 따르면 일상적인 업무 수행과 대인 관계 활동은 뇌를 지속적으로 자극해 인지기능 유지에 도움을 주며, 치매 진행 속도를 늦추는 효과도 있다고 밝혔다.

더불어 초기 치매 환자가 일자리를 통한 성취감을 얻는 사회적 역할 수행은 우울감과 무기력감을 줄이고, 자존감 회복에 기여하는 것으로 알려졌다. 실제로 적절한 근로 활동은 정서적 안정, 신체 활동 증가, 경제적 자립에도 긍정적인 영향을 미치며, 궁극적으로 삶의 질 향상으로 이어진다는 평가다. 다만 무리한 노동보다는 인지적·신체적 부담이 적은 맞춤형 일자리가 전제되어야 한다는 점에서 정책적 고려가 필요하다.

현재 노인일자리 정책은 초기 치매 환자, 특히 경도인지장애(MCI) 진단을 받은 어르신들의 참여를 일부 허용하고 있다. 그러나 장기요양 등급을 받은 치매 노인은 노인일자리 사업에서 참여가 제한된다. 경도인지장애(MCI)는 기억력 등 인지 기능은 저하됐지만 일상생활은 가능한 상태로, 이러한 어르신들은 일반 노인과 마찬가지로 면접을 통해 대화 능력과 거동 상태 등을 확인받은 후 노인일자리 사업에 참여할 수 있다.

서울 광진구에서는 65세 이상 경도인지장애 어르신을 대상으로 커피 찌꺼기를 활용한 탈취제 제작 등 사회참여형 일자리를 제공하고 있다. 참여자들은 치매 예방 수업 이수 후 매월 10회씩 2달간 출근하며 소정의 임금을 받는다. 완성된 탈취제는 어린이집과 주민센터 등에 전달해 성취감을 얻도록 하고 있다. 광진구는 2024년 12월까지 30명을 상시 모집했으며, 광진구에 주민등록을 둔 65세 이상 경도인지장애 진단을 받은 기초연금 수급자를 대상으로 했다.

반면, 장기요양등급을 받은 치매 어르신은 건강 상태와 안전을 고려한 조치로 일자리 참여가 제한되며, 돌봄 서비스와 치료에 중점을 두고 있다. 장기요양 5등급 치매 노인의 노인일자리 사업 참여는 제한돼 있지만, 이들은 경증 치매 환자로서 신체기능은 유지된 경우가 많다. 단순한 등급 기준만으로 사회 참여 기회를 차단하는 것은 지나친 일반화일 수 있다. 오히려 맞춤형 일자리 제공으로 병증 악화를 늦추고 삶의 질을 높이는 효과에 중점을 둘 필요가 있다.

해외 사례

해외에서는 장기요양 5등급에 해당하는 치매 환자들에게도 일자리 또는 유사한 사회 참여 기회를 제공하는 사례들이 있다. 이 프로그램들은 치매 환자의 자존감 회복, 인지 기능 유지, 사회적 고립 완화 등을 목표로 한다.

프랑스, Village Landais Alzheimer

프랑스 남서부의 Dax 지역에 있는 'Village Landais Alzheimer(랑드 알츠하이머)'는 중증 치매 환자들을 위한 마을 형태의 공동체다. 이곳의 주민들은 카페, 미용실, 상점 등 실제와 유사한 환경에서 생활하며, 요리, 정원 가꾸기, 예술 활동 등 다양한 일상 활동에 참여한다. 이러한 활동을 통해 치매 환자들은 자율성과 사회적 역할에 참여하는 기쁨을 얻는다.

네덜란드, De Hogeweyk

네덜란드 암스테르담 근교에 있는 'De Hogeweyk(호그벡)'는 중증 치매 환자들을 위한 마을 형태의 요양시설이다. 이곳의 주민들은 소규모 가정에서 생활하며, 요리, 청소, 쇼핑 등 일상적인 활동에 참여한다. 환자들이 익숙한 생활 방식을 유지하며 자율성을 갖도록 계획했다.

미국, 오리건주 맥주 양조 프로그램

미국 오리건주 요양시설에서는 치매 환자들이 간단한 맥주 양조 활동에 참여하는 프로그램을 진행했다. 치매 환자들은 맥주 양조의 각 단계에 참여해 인지기능을 자극하고 사회적 상호작용을 증진하는 유익을 얻고 있다.

일본, 오무타시 치매 친화적 일자리 모델

일본 후쿠오카현 오무타시에서는 치매 환자들이 지역 카페에서 간단한 업무를 수행하거나 지역 행사에 참여하므로 사회적 교류를 유지한다. 치매 환자가 지역사회에서 의미 있는 역할을 하도록 해 사회와의 단절감을 해소하고 있다.

치매 5등급 노인도 참여할 수 있는 공존형 일자리 정책 필요

이러한 해외 사례들은 초기 치매 환자들에게 적절한 지원과 환경을 제공함으로써 사회적 역할을 수행하고 삶의 질을 향상하는 효과가 있음을 강조한다. 이는 우리의 노인일자리 정책이 등급 중심의 제한을 넘어, 기능 중심의 맞춤형 접근이 필요함을 보여준다. 정부는 노인일자리를 대폭 확대해 어르신들이 더욱 보람찬 일상과 건강하고 행복한 노후를 보내시도록 노력하고 있다고 밝혔다. 특히 치매나 경도인지장애를 가진 어르신들도 일자리를 통해 사회와의 연결을 유지하며 증상 진행을 완화하는 긍정적인 변화를 보인다는 점을 유념해야 한다.

정책은 단순히 '등급'이 아니라, 실제 인지적·신체적 자립 가능성 평가를 통한 선별로 전환할 필요가 있다. 반복적이고 정형화된 업무, 안전요원 배치가 가능한 환경, 짧은 시간 근무 등으로 5등급 어르신의 사회 참여 욕구와 안전을 충족하는 대안을 모색해야 한다. 의료기관과 협력해 상태를 모니터링하면서 일자리를 유지하는 모델을 강구할 때다.

외국인 돌봄 인력 도입에
풀어야 할 과제

외국인 가사관리사 투입 평가는 긍정, 제도는 미완
돌봄 인력난 해소, 값싼 대안 아닌 '존중받는 구조'로 설계해야

2024년 8월 필리핀 국적의 가사관리사 100명이 순차적으로 입국하면서 서울시와 정부가 협력한 시범사업이 9월 공식 출범했다. 이 사업은 만 12세 이하 자녀를 둔 가정이나 임신·출산 예정인 서울 시민을 대상으로 가정 내 청소, 식사 준비 등 일상적인 가사 지원 서비스를 제공하는 형태로 운영 중이다. 서비스는 시간제(4·6시간) 또는 전일제(8시간) 중 선택할 수 있었으며, 이용 요금은 시간당 1만 3,940원(최저임금 + 4대 보험료 + 위탁수수료 등 포함)으로 책정됐다. 근무 시간은 주 52시간을 넘을 수 없도록 제한했다.

이 사업은 저출산 대응책의 하나로 외국인 베이비시터 도입을 검토하면서 시작됐다. 이와 함께 영어 의사소통이 가능한 필리핀 인력을 활용해 조기 영어 교육까지 기대할 수 있다는 논리도 덧붙여졌다. 하지만 '외국인 보모 수입'이라는 표현이 불러온 논란 이후, 정부는 사업명을 '가사관리사'로 바꾸고 업무 범위도 육아 보조보다는 가사 위주로 조정했다.

시범사업은 2024년 9월부터 2025년 2월까지 총 6개월간 한정해 운영할 예정이었으나, 정부는 사업 종료 후 성과가 긍정적이라는 평가에 따라 기존 인력의 고용 기간을 2026년 2월까지 1년 연장하기로 해 새로운 인력 충원 없이 기존 인원만으로 사업을 제한적으로 유지했다. 특히 관리사 대부분은 강남 3구 고소득층 가정에 고용된 것으로 전해졌다. 이에 현실적으로 정부가 홍보한 '보편적 지원'과는 거리가 멀다는 비판이 제기됐다. '저렴한 외국인 인력'이라는 명분은 사실상 시장화된 사적 돌봄 외주화로 평가받았다. 게다가 필리핀 가사관리사 인권 문제에 대한 실질적 관리와 감독 체계가 미흡하다는 지적이 나왔다.

정부의 외국인 돌봄 인력 수급 계획에서 노인 환자 돌봄은 제외됐다. 고용노동부 관계자는 디멘시아뉴스에 "해당 사업이 노인 돌봄을 포함하지는 않으며, 향후 관련 확대 계획은 없다"고 밝혔다.

긍정 평가였지만 현장에서 드러난 문제들

표면적으로는 긍정적인 평가가 많았다. 서비스를 이용한 가정의 84%가 만족한다고 응답했고, 85%는 재이용 의사를 밝혔다. 필리핀 근로자 중 74%는 "한국에서 계속 일하고 싶다"고 답했다. 그러나 현장에서는 제도적 허점과 구조적 취약성이 동시에 드러났다. 참여자 간담회와 언론 인터뷰에 따르면, 일부 종사자는 과도한 업무 배정, 감정노동, 공동숙소 내 통제, 성희롱 등을 경험한 것으로 알려졌다. 근무시간 외 집안일 요구, 가족 구성원의 무례한 대우, 사생활 침해 등의 문제도 제기됐다.

국무조정실이 공개한 시범사업 자료에 따르면, 1일 4시간, 주 5일 근무 기준 월급은 세전 약 83만 원 수준이다. 여기에 4대 보험 및 세금이 공제되면, 실제 월 실수령액은 50만~70만 원 수준에 그친 것으로 알려졌다. 국제 인권 단체 BHRRC(Business & Human Rights Resource Centre)는 2025년 6월 발표한 보고서에서 필리핀 가사관리사 시범사업에 참여한 일부 인력이 성희롱, 과도한 업무량, 불안정한 고용 구조 등 노동권 침해를 겪었다고 지적했다.

이후 서울시는 시범사업 운영 중 제기된 현장 문제를 반영해 다음과 같은 보완 대책을 시행해 가사관리사의 자율성과 처우를 개선하고, 장기 체류 기반을 마련해 가기로 했다.

☐ **숙소 자율 선택 허용**: 2025년 3월부터 희망자에 한해 공동숙소 외 주거지 선택 가능

☐ **급여 지급 방식 유연화**: 기존 월급제 외에 주급·격주급 선택 가능 (2024년 10월 시행)

☐ **통금 규정 폐지**: 밤 10시 통금제도 폐지, 주말 외박 시 자율 운영

☐ **근거리 배치 강화**: 가사관리사 이동 부담 줄이기 위해 이용 가정 인근 우선 배치

☐ **숙소비 부담 완화**: 자율 주거 전환 시 평균 4만 원 이상 비용 절감 효과

본사업 전환 보류....부족한 노인 돌봄 인력 수급에 대한 '우회로' 열려

정부는 필리핀 가사관리사 시범사업을 전국 단위(1,200명)로 확대할 계획이었지만, 다른 지자체들의 수요 저조, 인권·공공성 논란, 예산 및 관리 책임 부담 등을 이유로 2025년 2월 본사업 전환을 무기한 보류했다. 그 대신 외국인 유학생 및 해외 간병 자격 보유자를 중심으로 한 'E-7 요양보호사 제도'와 '전문연수생 프로그램'을 새롭게 도입했다.

보건복지부와 법무부는 2024년 하반기에 '특정활동(E-7) 요양보호사' 직종을 신설하고, 국내 체류 중인 외국인 유학생(D-2)이나 구직 비자(D-10) 소지자가 일정 교육과정을 이수한 뒤 요양보호사 자격을 취

득하고 요양시설에 합법적으로 취업할 수 있도록 제도화했다. 해당 비자는 2년간 체류가 가능하며 1회 연장 시 최대 3년까지 일할 수 있다.

또한 동남아시아와 중앙아시아 등지의 간병 자격 보유자를 대상으로 한 '외국인 요양보호사 양성 전문연수 과정'도 2025년 하반기에 시범 도입할 계획이다. 국내 일부 대학과 연계해 단기 연수와 실습을 거쳐 취업과 체류를 허용하는 방식이며, 2026년까지 연간 400명 이상의 인력 확보를 목표로 하고 있다. 실제 서정대, 동국대 글로벌캠퍼스 등 일부 대학에서는 해당 정책에 맞춰 외국인 유학생을 대상으로 한 요양보호사 교육과 비자 전환 지원 프로그램을 운영하고 있다.

외국인 유학생 요양보호사 제도, 실효성에는 물음표

외국인 유학생이 요양보호사가 현장에 안착까지는 넘어야 할 과제가 적지 않다. 우선 언어·문화 장벽, 민원 우려 등으로 시설 운영자 다수가 외국인 고용에 소극적이다. 아울러 고강도 노동, 낮은 임금 등으로 실제 정착률이 저조할 수 있다. 최대 3년까지 체류가 가능하지만, 단기 계약 위주로 진행될 경우 고용 불안정성으로 이어진다. 이외에 고령자 돌봄에 대한 정서적 거리감, 언어 소통 문제 등이 관계 형성이 어렵다는 우려도 있다.

이미 외국인 돌봄 인력을 수급해 안착시킨 일본도 초기에는 언어 장벽, 자격시험 통과율 저조, 조기 이탈률 증가 등의 문제로 기대만큼의 성과를 내지 못했으며, 제도가 정착되기까지 수년이 걸렸다. 한국 역시 단기적인 처방만으로는 인력난을 해결하기 어려우며, 제도 정비와 함께 사회적 수용 기반을 우선 마련해야 한다는 지적이 나온다.

일본은 제도화로 접근…'사람'이 아니라 '직무'를 들여왔다

일본은 외국인 간병인을 제도화한 대표 국가다. 2008년 경제동반자협정(EPA) 체결을 시작으로, 2019년부터는 '특정기능 1호(Specified Skilled Worker, SSW)' 제도를 통해 외국인 요양보호사 도입의 기준을 세워 공식적으로 도입했다.

□간병 시험 + 일본어 능력 시험 통과자만 채용
□최대 5년 체류 가능
□시설 내 통역, 노동권 교육, 문화 적응 지원 등 제도 마련

2023년 기준, 약 5만 명의 외국인 간병인이 일본 요양시설에서 근무 중이며, 외국인과 내국인 간 임금 차별 없이 채용하는 구즈를 정착시켰다. 일본은 '값싸게 쓰기'보다 '공식 경로로 관리하고 보호하는 구조'로 전환에 성공한 셈이다.

외국인 돌봄 인력 충원, 해법은 맞지만 방식은 바뀌어야

한국도 돌봄 인력의 공급 부족이 심화하는 가운데, 외국인 근로자 유입은 피할 수 없는 흐름이다. 그러나 지금처럼 민간 중개 플랫폼을 통한 단기 위탁 구조와 단기 교육 → 낮은 급여 → 비공식 업무 확대로 이어지는 방식은 돌봄의 공공성과 품질, 지속 가능성 모두를 위협할 수 있다.

지금 필요한 것은 일본의 사례를 참조해 공공 중심의 자격·교육·노동 기준을 수립하고, 노동자와 이용자 모두를 보호하는 제도 기반을 구축하는 것이다. 그리고 무엇보다 중요한 것은 '돌봄은 값싼 일이 아니다'는 사회 인식의 전환이다. 돌봄은 사람 사이의 신뢰와 관계로 이루어진 상호작용이다. 외국인 인력 도입은 '사람을 수입하는 정책'이 아니라, '어떻게 누구에게 어떤 돌봄을 제공할 것인가'를 묻는 사회적 선택이어야 한다.

대학이 만든 시니어타운,
세대와 지역을 잇는 플랫폼

빈 강의실에서 노후 배움터로, 지역과 대학의 활로 모색
재정 구조·지자체 협력 등 제도적 뒷받침이 성패 좌우

초고령사회의 우리 대학들은 새로운 역할을 모색하고 있다. 학령인구 감소로 빈 강의실과 유휴 부지가 늘어난 캠퍼스를 활용해 대학 기반 시니어타운(UBRC, University-Based Retirement Community)을 조성하려는 움직임이 확산하고 있다. UBRC는 일반적인 시니어 타운이 아니라 교육, 의료, 문화, 세대 교류가 결합된 은퇴자 공동체 마을이다.

대학이 주도하는 시니어 기숙형 모델 실험

국내에서 UBRC 조성을 가장 앞서 본격화한 곳은 남서울대학교다.

남서울대 UBRC 예상 조감도 / 한국UBRC위원회

남서울대는 2026년 상반기 착공을 목표로 하며, 3년 내 입주를 계획하고 있다. 천안 캠퍼스 부지에 1,000세대 규모의 시니어 기숙사를 조성할 계획이다. 입주민은 대학의 평생교육 과정을 수강할 수 있다. 조선대학교와 동명대학교도 UBRC 추진을 위한 업무협약을 체결했다. 각각 조선대병원 인근과 동명대 정문 주변 부지를 검토했으며, 언론에는 약 700세대와 600세대 규모로 보도됐으나 아직 구체적 실행 단계는 미정이다. 제도적 지원과 인허가 문제는 여전히 과제로 남아 있다. 지방 대학과 지역사회가 동시에 활로를 찾는 방안으로 UBRC가 주목받고 있다.

UBRC의 가장 큰 의미는 '배움과 교류가 살아 있는 노후'를 가능하게 한다는 점이다. 은퇴 후에도 대학 강좌를 수강하고, 젊은 세대와 캠퍼스를 공유하며 세대 간 교류를 이어갈 수 있다. 이는 사회적 고립과 우울을 줄이고, 인지기능 유지와 치매 예방에 긍정적인 영향을 줄 수 있다. 또한 대학병원이나 협력 의료기관과 연계한 건강관리, 캠퍼스 내 체육·문화시설 이용 등은 고령자의 생활 만족도를 높인다. 대학이 부지를 제공하고 민간이 운영을 맡는 구조가 정착된다면, 고급형 실버타운보다 합리적인 비용으로 입주할 수 있다는 전망이 가능하다. 지역사회에는 돌봄·의료·문화 서비스 수요가 증가해 새로운 일자리 창출 효과도 기대된다.

한계와 고려할 사안

하지만 UBRC가 안정적으로 정착하려면 넘어야 할 산도 많다. 민간 자본이 투입되는 구조에서는 초기 비용이 높아져 입주비가 상승할 수 있고, 돌봄·의료 서비스의 지속성을 어떻게 보장할지도 관건이다. 대학의 공공성과 상업성 사이에서 균형을 찾는 일도 필수적이다. 국내에서는 이미 UBRC 개념이 여러 차례 시도됐다. 2013년 건국대가 참여한 '더클래식500'은 고급 실버타운으로 자리 잡았지만, 교육 연계와 세대 교류 측면에서는 UBRC의 핵심 요소가 부족하다는 평가를

미국 애리조나주립대 캠퍼스 내에 조성된 '미라벨라 에이에스유(Mirabella at ASU)' 전경.
UBRC 모델의 대표적 성공 사례로 꼽힌다. / KJZZ 보도

받았다. 국립안동대는 2019~2021년 UBRC를 검토했으나 재정 부담과 행정 절차, 불확실한 수요 예측 등으로 성과를 내지 못했다. 상지대도 2025년 2월 국회 토론회를 공동 주관하며 관심을 보였으나 실제 사업화로 이어지지는 못했다.

이처럼 UBRC는 대학 단독으로 추진하기 어려운 복합 모델이다. 성공을 위해서는 지자체, 대학, 민간 개발사가 긴밀하게 협력하고 제도적 지원을 뒷받침해야 한다.

해외 사례에서 배우는 점

해외에서는 이미 다양한 UBRC 모델이 운영되고 있다. 미국 애리조

나주립대(ASU)의 미라벨라 에이에스유(Mirabella at ASU)는 대표적인 성공 사례다. 2018년 착공해 2020년 문을 연 이 커뮤니티는 캠퍼스 내 부지를 장기 임대해 조성됐으며, 입주민은 대학 강좌를 수강하고 시설을 학생들과 공유한다. 이곳은 배움과 교류가 일상화된 은퇴자 공동체로 평가받고 있다.

미국 매사추세츠주 보스턴 인근 도시 뉴턴에 위치한 라셸 빌리지(Lasell Village)는 라셸대학교(Lasell University) 캠퍼스 안에 조성된 시니어 타운이다. 이 공동체는 입주 노인들에게 매년 일정 시간 이상 대학 강좌 수강을 의무화해 '평생학습'을 생활화한 것으로 유명하다 단순히 주거 공간을 제공하는 데 그치지 않고, 교육 참여를 통해 노년의 활력을 유지하도록 설계된 점에서 차별성을 지닌다. 뉴욕주에는 브로드뷰 퍼체이스 칼리지(Broadview at Purchase College)라는 또 다른 UBRC 모델이 있다. 뉴욕주립대 퍼체이스 칼리지(SUNY Purchase College) 캠퍼스에 조성된 이 공동체는 예술·문화 중심 대학의 특성을 살려, 시니어 입주민과 대학 구성원이 함께 전시, 공연, 강의를 공유한다. 이를 통해 고령자는 학생들과의 교류 속에서 사회적 관계와 문화적 만족감을 동시에 누릴 수 있다. 일본 역시 일부 대학이 평생학습 프로그램과 노인주거단지를 결합해 은퇴자가 '학생 신분'을 유지하며 생활할 수 있는 형태를 운영 중이다. 네덜란드의 휴마니타스(Humanitas) 모델은 학생과 노인이 같은 공간에 거주하며 교류하는 방식으로, 세대 간 상호작용을 극대화했다.

이들 사례는 공통적으로 '교육·교류·의료 연계'를 핵심 가치로 삼으며, 국내 UBRC 추진에 중요한 벤치마킹 포인트다.

UBRC는 학령인구 감소로 어려움을 겪는 대학, 품위 있는 노후를 원하는 고령 세대, 지역 활성화를 목표로 하는 지자체 모두에게 기회를 제공하는 모델이다. 앞으로의 성패는 합리적인 비용 구조, 지자체와의 협력, 돌봄 서비스의 안정성에 달려 있다. 이러한 조건을 충족한다면 UBRC는 초고령사회의 새로운 주거 해법이자 세대 간 상생의 플랫폼으로 발전할 수 있다.

인터뷰,
현장에서 길을 찾다

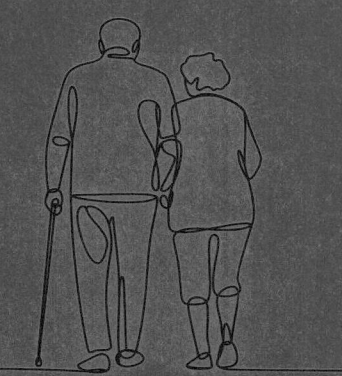

우리의 마지막 집 모습은?
_김수동 탄탄주택협동조합 이사장

고령자 주택, 왜 필요한지 근본 질문과 운영에 초점 맞춰야
'자산기반복지'에서 '공동체기반복지'로 전환할 때

정부는 2024년 7월 23일 경제관계장관회의에서 '시니어 레지던스 활성화 방안'을 발표했다. 이는 2024년 3월 21일에 열린 민생토론회 '건강하고 행복한 노후'의 후속 조치로 고령 친화 주거 공간과 가사, 건강, 여가 서비스를 결합한 시니어 레지던스를 확대 공급하려는 방안이라고 설명했다. 국토교통부 보도자료에 따르면, 시니어 레지던스는 법적 개념은 아니며, 고령자 복지주택(공공임대), 실버스테이(민간 임대), 실버타운(노인복지주택) 등 고령 친화 주거 공간을 일컫는다고 한다.

활성화 방안에는 민간사업자의 시장 진입을 촉진하기 위해 실버타운 설립 시 토지·건물 소유를 의무화하는 규제를 개선하며 이를 통해 서비스 전문사업자가 토지·건물 사용권을 기반으로 실버타운 설립 여건을 조성한다는 것과 더불어서 고령 친화 주거 서비스 전문사업자 요건을 마련하고 지원 근거를 신설해 서비스 전문사업자를 육성하겠다는 계획이 담겨 있다.

인구 감소 지역에 도입할 예정인 신분양형 실버타운과 수요가 높은 도심 내 유휴시설 및 유휴 국유지를 시니어 레지던스로 조성하는 내용도 들어 있다. 또한 중산층 고령자까지 고령자 복지주택 공급을 확대하고, 유주택 고령층도 입주가 가능한 실버스테이 시범사업을 추진하겠다고 했다. 아울러 저소득 고령층 대상 주거급여**(수선유지급여)** 인상을 통해 주거개선을 도모한다는 내용도 언급돼 있다. 이에 고령 친화 주거 공간의 현장에 오래도록 몸담아 온 김수동 탄탄주택협동조합 이사장을 만나 관련 내용을 인터뷰했다. 김수동 이사장은 더함플러스협동조합이라는 소셜벤처를 창업해 주거 공유 문화와 공동체 주거 확산을 촉진하는 활동을 해왔다.

Q. 김수동 이사장님을 소개해 주세요.

중장년 세대의 주거 전환 운동에 앞장선 더함플러스협동조합의 이사장으로, 노년을 맞이하는 50+세대를 중심으로 공동체 주거, 은퇴 후 주거, 커뮤니티 관련 교육 등 다양한 프로그램을 운영해 왔습니다.

김수동 탄탄주택협동조합 이사장

저 또한 공동체 주택의 주민이기도 하고요. 현재는 시민 출자 청년 공동체 주택 '터무늬있는집' 운영위원이자 전세 사기 피해 당사자들과 연대해 문제를 해결하고 치유하고자 하는 탄탄주택협동조합 이사장을 맡고 있습니다. 개인적으로는 '공동체 주거 활동가'라는 달이 저의 정체성에 맞는다고 생각합니다. 각자도생 사회에서 '함께 사는 맛'을 알리기 위해 즐거이 애쓰고 있습니다.

Q. 어떤 과정을 거쳐 시니어 주택에 관심을 가지게 됐는지요.

"이렇게 오래 혼자 살 줄 몰랐어." 2014년쯤 어머니의 친구분이 하신 말입니다. 이 말이 머릿속에서 지워지지 않더군요. 1인 가구 사회에서 노년의 사회적 고립의 심각성을 고민했습니다. 도시에서 노인 홀로 삶을 꾸려가는 것이 얼마나 어려운지 알게 되면서 관심을 가졌어요.

당시 직장동료들과 함께 벤처기업을 창업해 운영 중이었는데, 동료들과 생각의 차이로 새로운 선택지를 고려하다가 돈을 위해 일하지 않고 사람을 위해 돈이 일하는 사회적경제에 끌렸습니다. 셰어하우스에서 지낸 경험이 강렬한 인상으로 남아 있기도 했고요. 고령자를 위한 공동체 주거 모델 '시니어 소셜하우스' 아이템으로 2014년 소셜벤처 아이디어 경연대회에 참가했습니다. 이듬해 사회적기업가 육성사업에 지원해 시니어 주거 분야로 더함플러스협동조합을 설립하면서 본격적인 주거 전환 운동을 시작했습니다.

Q. 우리나라 시니어타운 개발의 역사와 과거 실패한 과정 그리고 현주소를 설명해 주세요.

가장 직접적으로는 분양형 노인복지주택의 먹튀로 인한 소비자 피해 확산이 사회적 파장을 크게 일으켰죠. 1990년대 말부터 '실버타운'이 주목을 받으면서 2000년대 초반까지 전원형 실버타운이 우후죽순처럼 생겨났습니다. 그러나 외양만 그럴싸했을 뿐, 병원이 멀고 교통이 불편해 노인들을 위한 실버타운으로 제 기능을 갖추지 못했죠. 경치 좋은 곳에 있는 감옥과 다름없었습니다. 건설사는 짓고 팔아 이익만 남겼을 뿐 정작 중요한 '운영'에는 관심이 없었어요. 수억 원의 분양가에도 관리가 안 되고 법적 소송에 휘말리는 등 실버타운 입소자들의 피해 사례가 언론의 주목을 받았습니다. 점차 민간이 짓는 노인주택에 대한 관심은 시들해졌고, 핵심 이해관계자인 어르신들도 실버타운에 크게 실망했죠.

이후 우리나라 노인주택은 초고가 고급형(보증금 20억 원 이상)과 월세 5만 원의 공공주택으로 양분되었습니다. 초고령사회에 바짝 다가선 지금 노인주택 시장은 수요가 큼에도 불구하고 양극단으로 갈라져 있죠. 하지만 노인의 주거 문제는 고령화율이 높아지기 이전과 달라진 것이 없습니다. 단순히 고령인구 증가에 대한 장밋빛 비즈니스모델로 부동산개발 사업을 펼쳤다가 폭망한 거죠. 중요한 것은 고령인구 증가가 아니라 저출산·고령화로 인한 사회환경과 라이프스타일의 변화인데, 너무 짧은 시간에 고령화가 빠르게 진행되다 보니 준비할 시간이 없어 공공과 시장은 실패를 반복해 왔어요.

2015년 분양형 노인복지주택이 금지된 후 정체돼 있던 실버타운이 노인인구 1,000만 명 시대의 초고령사회 진입을 맞아 다시 분양형 허용으로 공급 확대 논의가 시작됐습니다. 하지만 시대착오적인 내용이 가득한 노인복지법 개정도 시급하고, 고령자 주택에 대한 법제도 미비한 실정입니다. 고령자 주거의 핵심인 운영 서비스를 외면하고 부동산개발에만 관심 있는 시행사들이라면 과거의 실패를 반복할 여지가 큽니다.

현시대 대부분 노인이 돌봄 시설에서 삶을 마감합니다. 우리 사회가 고령자 주거에 대해 진지한 고민과 준비를 하지 않는다면 인간의 존엄함을 유지하기 어려운 장소에서 사망하는 일이 다반사일 것입니다. 생의 마지막 집에 정부와 개인 모두가 관심을 가져야 하죠. 정부가 발표한 시니어 레지던스 활성화 방안은 그럴듯한 부동산 신상품을 소개하는 느낌을 줍니다. 초고령사회를 맞아 고령자 주거의 선택지와 공급을 늘린다는 데는 찬성이지만, 시니어 레지던스가 아파트 시장의 정체를 벗어나려는 방안은 아닌지 의구심이 듭니다. 앞뒤 없이 고령자 주택이 부족하니 규제를 풀어서 공급을 늘리겠다는 단순한 생각만 보이고 구체적인 '복지'의 현실적 방안은 잘 보이지 않습니다.

정부는 고령자 주택이 왜 필요하다고 생각하는지 답변을 듣고 싶습니다. 요양시설은 죽어서야 나갈 수 있는 곳이 되고 있습니다. 그곳의 많은 어르신은 '집'에 가기를 원하죠. 노인들이 원치 않는 요양시설에 머무는 이유를 정부는 제대로 분석했는지 묻고 싶고요. 노년기에 필요한 다양한 일상생활 지원이 포함된 주거 서비스 상품을 시장에서 구매하도록 하는 실버타운의 핵심은 식사와 돌봄 그리고 커뮤니티 활

동입니다. 그 정도의 일상생활 지원이라면 꼭 실버타운이 아닌 형태로
도 가능하죠.

과거 노인복지주택(실버타운)은 왜 분양이 금지되고 많은 규제가 생
겼는지에 대한 고찰부터 필요한데, 지금처럼 규제를 확 푼다고 문제
가 해결될까요? 고령자 주택이 왜 필요하며 어떤 시스템이어야 하는
지에 대한 논의를 시작해야 합니다. 이미 많은 실패를 경험한 사업자
들이 섣불리 앞장서지는 않겠지만, 모르는 일이죠. 공동체가 사라지

2023 사회주택의날 행사에 공동체 주거 활동가로 참여

고 이웃을 잃어버린 공동주택(아파트, 다세대주택, 다가구주택 등)은 관계가 단절된 사람들의 격리된 공간입니다. 지금의 주거 형태는 노인이 살기에 불편하고 위험하죠. 급격히 늘어나는 노인층에 필요한 것은 익숙한 돌봄 기능을 갖춘 '가정'이며 수직적 고층 건물 혹은 병증이 중해지기도 전에 갇혀 지내는 병원 분위기의 디자인과는 달라야 합니다.

　우리에게 필요한 것은 아이부터 노인까지 모두가 어울려 사는 세대통합적 주거이며, 사회적으로는 각자의 경제적 형편에 따라 적정 비용으로 모두가 어울려 살 수 있는 포용적 주거문화죠. 그리고 의료·요양·일상 돌봄이 가능한 지역사회를 만드는 것이 기본입니다. 이러한 기본이 갖춰진 후에야 노인주택이든 요양시설도 의미가 있습니다. 시니어 레지던스, 실버타운도 좋지만, 노인이 돼도 사는 데 불편하지 않은 마을과 집에 대해서는 얼마나 노력을 기울였는지 생각해 봐야 하죠. 우리는 시설에 의지하는 시기를 늦추고 '내 집'에서 존엄하게 삶을 마무리할 수 있는 주거문화가 필요합니다. 노인복지주택을 내세웠지만 '복지'는 사라지고 노인주택만 남는 부동산개발이라면 실패의 악순환일 것입니다.

Q. 고급형 위주로 운영되는 시니어타운에 대해서는 어떤 생각인지요?

　고급형 위주로 운영된다기보다 경제적 부담 능력이 있는 부유층을 위한 시니어타운만이 시장에서 살아남았다고 보는 것이 타당할 것 같습니다. 이 부분은 시장에 맡겨 놓으면 될 일이라고 생각해요. 한 가지 흥미로운 점은 부유층 비율 증가로 프리미엄급 시니어타운 진입장벽이 낮아진 측면도 있지만, 강남 재건축 아파트를 비롯한 신축 아파트의 커뮤니티시설 고급화 추세를 보면 굳이 실버타운에 갈 필요가 없어 보입니다. 앞으로 시니어타운의 최대 경쟁자는 신축 프리미엄 아파트가 아닌가 싶습니다.

Q. 시니어타운에서 치매 진단 환자가 발생하면 쫓겨나는 문제도 들리고 있습니다.

시니어타운은 요양시설이 아니고 독립적 일상생활이 가능한 노인을 위한 주거복지시설입니다. 돌봄이 필요한 상황이 되면 퇴소 조건으로 계약하는 곳이 많습니다. 시니어타운은 운영 기간이 길어질수록 초고령 세대가 늘어나면서 활력을 잃게 됩니다. 과거 평생 거주 조건으로 입소 계약을 한 시니어타운은 더욱 심각한 상황이죠. 노인주거 및 요양 복지시설의 이상적인 모습은 독립생활이 가능한 시니어타운, 돌봄이 필요한 케어하우스(요양시설)에 이어 임종기 돌봄까지 계속 거주가 가능한 CCRC(Continuing Care Retirement Community) 형태를 갖추어야 한다고 생각합니다.

Q. 우리 현실에서 성공적인 시니어타운은 어떤 모습이어야 할까요?

단편적으로 '이게 답이다'라고 하기는 어려운 질문이네요. 개인적으로는 아파트와 요양원 사이에 개인의 경제적 형편과 필요에 따라 다양한 선택지가 등장할 것으로 예상합니다. 우선 아파트도 노후 주거에 적합하도록 진화할 필요가 있으며, 요양원도 존엄한 삶이 유지되도록 공간 개선을 통해 돌봄의 질을 높여야 합니다. 그 사이에 시니어타운은 지금처럼 고급 시니어타운과 공공의 고령자복지주택으로 양극화된 모습에서 벗어나 중산층을 위한 실비형 시니어타운(일본의 서비스 제공형 고령자 주택)이 필요합니다.

시니어타운의 존재 가치는 '커뮤니티 기반 주거 서비스'입니다. 지금처럼 시장에서 구매하는 방법도 있고, 기존의 주택(지역사회)에 새로운 사회 서비스를 도입하는 방법도 있으며, 민간에서 당사자들이 조합을 결성해 공동체 주거형으로 실현하는 방법도 있습니다. 가장 중요한 것은 지금처럼 장·노년기 투자형 '내 집'에 집착하다 사회적 고립에 처해 관계 빈곤, 돌봄 공백 상태에서 요양시설로 직행하는 구조를 깨트려야 합니다.

Q. 고령자 당사자와 그 가족의 관점에서 돌봄 관련해 입주자가 가져야 할 마인드도 있을 것 같습니다. 입주자들의 성향과 필요 다양성이 존재할 테니까요.

우선 노후 준비의 관점을 바꿔야 합니다. '노후 자금 10억' 이런 선정적인 마케팅에 휘둘리면 답이 없어요. 우리가 맞이할 노년의 시간은 생각보다 훨씬 깁니다. 중요한 것은 '어디서 누구와 살 것인가'라는 질문을 중심으로 새로운 삶의 계획을 짜야 합니다. 언젠가 다가올 관계 빈곤, 돌봄 공백을 나는 어떻게 대응할 것인지 성찰해야죠.

공동체는 부담스럽고 시니어타운이 좋다고 생각한다면 꼼꼼하게 따져야 할 것(입지, 비용, 운영자 경영평가, 입주자 커뮤니티 분위기, 개인의 취향, 계약조건 등)이 많습니다. 충분히 검토하고 준비하셔야 해요. 시니어타운을 생각한다면 입소 시기를 너무 늦추지 마세요. 개인적으로는 나이 일흔 쯤이 적당하다고 생각합니다. 시니어타운의 서비스와 라이프스타일을 충분히 누려야죠. 초고령 나이에 접어들어 주거환경을 바꾸는 건 어려울 뿐만 아니라 위험하기도 합니다.

Q. Aging in Place(AIP), Aging in Community(AIC)를 우리보다 앞서 추진한 일본과 달리 현실은 방문진료 수가와 환경 보완 등의 문제로 집에서 투병하기가 쉽지 않습니다. 어르신들은 시설로 가기를 꺼리고 가족들은 집에서 모시기 힘들어하죠. 그럼에도 정부는 커뮤니티케어 명목으로 집에서 치료받으며 나이 드는 것을 목표로 삼고 노인의료를 담당하는 요양병원은 고사하는 분위기입니다. 모두에게 도움이 되도록 이 문제를 어떻게 해결할 수 있을까요?

이 문제는 주거 이전에 지역사회 통합돌봄으로 풀어야 한다고 생각합니다. 2024년 2월 29일 「의료·요양 등 지역 돌봄의 통합지원에 관한 법률」이 통과됐습니다. 지역사회 통합돌봄은 노인, 장애인, 정신질환인 등이 시설에 입소하지 않고 최대한 본인이 살던 집과 지역사회에서 돌봄을 제공받으며 생활할 수 있는 실질적인 체계를 구축하는 것이 목표입니다.

앞으로 전국의 모든 기초지자체는 향후 2년 이내에 돌봄이 필요한 대상자의 발굴, 조사, 종합판정, 개인별 지원계획 수립 등 통합지원의 컨트롤타워로서 실질적인 역할을 준비해야 합니다. 시행령과 시행규칙을 통해 세부적인 사항을 마련해야 하기에 중요한 사회적 논의와 제도화의 과정이 남아 있습니다. 또다시 유명무실한 법이 될지 제대로 된 방안이 마련될지는 지켜봐야 하죠.

Q. 1인 가구가 늘어나면서 공유주거 형태인 '코리빙하우스'가 떠오르고 있습니다. 이에 대한 생각은?

코리빙하우스는 1인 가구를 위한 대표적 공유주거 트렌드죠. 한집에서 공간을 나눠 쓰는 셰어하우스와 달리 코리빙하우스는 개인 공간을 보장받으면서 피트니스, 북카페, 주방, 업무공간 등을 공유하고 커뮤니티 활동을 통해 다양한 서비스를 누릴 수 있는 장점이 있습니다. 주로 청년들 중심의 코리빙하우스에서 이제는 중장년층을 위한 시니어 코리빙하우스의 필요성이 등장하기 시작했습니다. 일부 사업자들이 청년뿐만 아니라 중장년층을 겨냥한 시니어 코리빙하우스를 적극적으로 연구하고 준비 중입니다.

사업자로서는 크게 두 가지의 장벽이 있어요. 첫째는 전용공간의 크기입니다. MZ세대는 다양하고 풍성한 공유공간을 활발히 이용하는 대신에 좁은 개인 공간을 감수할 수 있습니다. 그래서 사업성도 맞출 수 있고요. 하지만 중장년 세대의 최소 필요 공간 크기는 MZ세대보다 커요. 기숙사 같은 구조에 대한 심리적 저항도 있고 최소 10평 이상은 되어야 가능할 것으로 봅니다. 둘째는 주거비에 대한 솔루션이 마련되어야 합니다. 결국 이 또한 소유 중심의 주거문화에서 벗어나 적정 비용으로 주거 서비스를 이용하고자 하는 시장이 형성돼야 할 것으로 보고 있어요. 중요한 것은 사업자와 수요자 간의 신뢰예요. '값싼 집'이 아니라 새로운 변화를 추구하는 매력적인 선택지가 되어야 합니다.

김수동 탄탄주택협동조합 이사장

Q. 행복한 노년기의 주거 생활을 위해 필요한 것, 준비해야 할 것은 무엇인가요?

노년의 시간이 길어짐에 따라 우리는 새로운 라이프스타일로 전환할 기회라고 생각합니다. 우리 사회는 '자산기반복지'(가계가 보유한 금융자산이나 실물자산을 복지 대체 수단으로 활용하는 것)라는 어이없는 용어까지 동원하며 부동산에 대한 집착을 강화해 왔어요. 부동산 자산이 노후 자금의 절대적인 부분을 차지하죠. 하지만 집값이 우리의 노후를 책임지지 않아요. 자산기반복지는 불평등의 심화, 지방소멸, 저출산, 세대 갈등에 이르기까지 심각한 사회재생산 위기를 초래하고 있습니다. 저는 노인 세대의 사회적 고립과 돌봄 공백의 주요 원인이라고 생각합니다.

이제 '자산기반복지'에서 '공동체기반복지'로 전환해야 할 때라고 봅니다. 노년에 안전하고 행복한 마을과 집에서 든든한 이웃과 함께 서로를 돌보는 삶을 살면 좋겠어요. 그것을 위해서는 슬세권(슬리퍼 차림과 같은 편한 복장으로 카페나 편의점, 도서관, 쇼핑몰 같은 편의시설을 사용할 수 있는 주거 권역)의 동네 친구가 꼭 필요하죠. 제 꿈은 명랑한 동네 할아버지입니다.^^

Q. 돌봄을 아이템으로 하는 스타트업들이 시니어 주거사업에 뛰어드는 분위기입니다. 이에 대한 이사장님 생각이 궁금합니다.

사실상 처음으로 시니어비즈니스(요양산업)에 대규모 벤처투자가 일어난 것이 아닌가 싶어요. 투자가 이루어진 혁신의 기반은 요양 서비스 플랫폼 구축인데, 두 가지 염려가 됩니다. 아직은 플랫폼 혁신에 더 집중해야 할 것 같은데 너무 빨리 부동산에 손을 댄 것은 아닌지 결국 매출 극복 방안이 부동산밖에 없었나 하는 생각이 듭니다. 두 번째는 '플랫폼의 배반'입니다. 우린 너무 익숙하죠. 초기엔 대단한 혁신으로 칭송받지만, 결국 창업자는 돈을 챙겨 떠나고 소비자만 플랫폼에 갇혀 비싼 비용을 치르고 실망하는 형국이 됩니다. 돌봄에 대한 사명감을 앞세웠지만, 사업성에 대한 한계에서 돈의 습성에 휘둘리니 염려하지 않을 수 없습니다.

Q. 디멘시아뉴스에 당부할 말씀이 있다면요?

'치매'는 우리 사회에 누구나 꼭 알아야 할 내용인데도 언론에서는 잘 다루지 않습니다. 디멘시아뉴스의 공익적 활동에 감사하게 생각합니다. 우리 사회가 치매와 더불어 사는 세상을 준비해야 한다고 생각합니다. 그 선봉에서 노력하고 있는 언론사인 디멘시아뉴스를 응원합니다. 부족한 제게 소중한 인터뷰 기회를 주셔서 감사합니다.

노인을 위한 맞춤형 주거 '실버타운'의 실제
_이한세 스파이어리서치앤드컨설팅 대표

**실버타운, 요양원, 요양병원에 대한 이해, 좋은 곳을 선택하는 정보
노인의 삶의 질 위해 건강수명 늘리며 공적자금 절약하는 현실적 대책**

65세 이상 인구 천만 명 시대에 노인 돌봄과 노인주거 환경 문제는 해결해야 할 큰 숙제다. 자녀들에게 부담 주기 싫어하는 노인은 늘고, 부모를 모시고 살아가는 가구는 축소되는 분위기 속에서 고령 인구가 편하게 지낼 수 있는 실버타운이 큰 관심을 받고 있다.

시니어들에게 필요한 건 '시설'이 아니라 '집'이다. 상위계층이 누릴 수 있는 프리미엄 시설로 실버타운이 알려졌지만, 실버타운을 부유층의 전유물로 생각하는 건 오해다. 실버타운, 실버스테이, 고령자 복지주택 등 시니어 레지던스의 개념과 실제 모습을 알아보기 위해 이한세 스파이어리서치앤드컨설팅 대표**(숙명여대 특수대학원 실버비즈니스학**

과 초빙교수)를 만났다.

Q. 이한세 박사님을 소개해 주세요.

스파이어리서치앤드컨설팅 한국지사 대표를 맡고 있고, 골드북스 (Goldbooks)라는 출판사도 운영하고 있습니다. 또한 숙명여대 특수대학원 실버비즈니스학과에서 초빙교수로 대학원생에게 강의하면서 노인 주거와 돌봄 주제로 칼럼을 쓰고 있습니다.

스파이어리서치앤드컨설팅 한국지사 대표를 맡은 지는 2003년부터니까 20년이 좀 넘었네요. 본사는 싱가포르에 있습니다. 여러 나라에 지사를 둔 리서치 회사인데 싱가포르 창업자가 과거에 저와 외국계 리서치 회사에서 근무한 동기였어요. 당시 제가 한국 팀장이었고 그 친구가 싱가포르 팀장을 했죠. 본사 행사 때 홍콩이나 싱가포르에서 만나면서 서로 친해졌습니다. 세월이 지나 둘 다 2000년에 창업해서 3년 정도 흘렀을 때 그 친구가 자기 일을 도와달라고 요청해 제가 그 회사 한국지사를 맡아 독립적으로 경영하게 됐어요. 본사 대표인 그는 옥스퍼드 대학을 나온 수재로, 인도네시아, 말레이시아, 인디아 등 여러 나라에 지사를 확장하며 성장해 가고 있습니다. 한국지사는 한국고용정보원의 위탁을 받아 《직업 사전》 편찬을 비롯해 직업 연구를 10년 정도 했으며, 직업에 대해서는 가장 많이 아는 리서치 회사로 정평이 나 있습니다.

Q. 노인 주거, 복지, 의료와 돌봄 등에 관심을 가진 계기는?

노인 복지 관련 일을 하게 된 것은 2013년에 한국 로봇 회사들과 일하면서부터입니다. 로봇산업에는 산업용 로봇, 군사용 로봇, 서비스로봇 등이 있는데 청소기를 비롯해 요즘 흔히 볼 수 있는 서빙 로봇이 서비스로봇이죠. 서비스로봇을 연구·개발하던 회사에서 본인들이 개발한 로봇에 대한 시범사업을 의뢰해 왔어요.

당시 개발한 서비스로봇이 이동 보조 로봇이었습니다. 일종의 전동 휠체어 같은 것인데 일반 전동 휠체어와는 매우 달랐고 외양은 전동 스쿠터에 가까웠습니다. 제자리에서 회전하는 기능도 있어서 엘리베이터에 타도 뒤로 나올 필요 없이 바로 회전이 가능해 다시 앞으로 나올 수 있었습니다. 또한 핸들 중앙 터치패널에 목적지 정보를 입력하면 자동으로 원하는 곳으로 갈 수 있도록 설계됐습니다. 수동으로 조절해도 되고, 자동 입력 정보를 넣으면 노인들이 타고 있기만 해도 자동으로 원하는 장소로 이동시켜 주는 기능까지 갖추었죠. 이동 보조 로봇 개발회사에서 개발한 시제품으로 호주와 뉴질랜드에서 시범사업을 성공리에 마치고, 한국에서 완제품 판매 가능성을 알아보고 싶어 했습니다. 물론 그렇게 되면 한국뿐만 아니라 외국으로 수출도 가능했고요.

그 이동 보조 로봇의 주 잠재고객이 노인과 노인 시설들이었습니다. 그래서 요양원, 요양병원, 노인복지관, 실버타운 등을 방문해 이동 보조 로봇이 노인분들에게 유용하게 사용되는지 시범사업을 시행했고요. 그때가 2013년이었어요.

당시 15곳의 실버타운을 방문했는데 그중 한 곳이 삼성노블카운티였습니다. 처음 갔을 때 대한민국에 이런 곳이 다 있구나 매우 놀랐어요. 실버타운이 있다는 사실도 놀라웠고 그렇게 좋은 곳이 있다는 사실에 또 놀랐죠. 이런 실버타운의 존재를 전 국민에게 특히 어르신들께 알려드리고 싶었어요. 저같이 리서치에 몸담은 사람도 실버타운이 있는 줄 모르는데 일반인은 오죽하겠어요. 실버타운이 꼭 필요한 분들이 입주해서 노후를 행복하게 보낼 수 있도록 돕고 싶었죠. 그래서 이동 보조 로봇 시범사업을 끝내고 15곳의 실버타운뿐만 아니라 전국의 실버타운을 모두 조사해서 실버타운 정보 책을 출간하기로 했습니다.

그 책이 《실버타운 간 시어머니 양로원 간 친정엄마》예요. 2013~14년에 전국 30곳의 실버타운 기능을 갖춘 노인복지주택과 양로원을 직접 탐방해서 680페이지 분량으로 출간했어요. 조사하는 데만 6개월 이상 걸렸죠. 책은 나름 잘 팔렸고 2년쯤 지나자 완판돼 2쇄를 찍으려고 했는데 그 사이 책에 실은 실버타운이 전업과 폐업을 한 곳이 있어서 정보를 업데이트해야 했죠. 제가 출판이 본업이 아니고 리서치가 본업이다 보니 업데이트할 여유가 없었어요. 2014년 당시 낸 책에 대해 언론에서 많은 관심을 주어 뉴스에 소개됐고 이후 실버타운 관련 인터뷰 요청이 계속 들어왔어요. 자연스럽게 실버타운과 함께 요양원, 요양병원에 관한 대담이 많아지면서 실버타운에 이어 요양원과 요양병원도 조사하며 연구해 갔죠. 여러 매체에 관련한 칼럼을 쓰면서 노인주거 전문가로서의 의견을 제시하게 됐습니다.

Q. 리서치 회사 대표로서 실버타운의 현황에 대해 어떤 점이 눈에 띄었나요?

언론에 실버타운 현황에 대한 자문을 드리는 일을 하다 보니 노인 문제 전반으로 주제를 넓혀 갔습니다. 2020년이 되면서 실버타운에 대한 관심이 높아졌습니다. 특히 외국에서 이민 생활을 하던 동포들이 은퇴 후 여생을 한국에서 살고 싶어 했고 그분들에게 실버타운은 아주 적격이었죠. 그 결과 2013년 당시에는 실버타운 공실이 많았지만, 2020년이 지나면서 수도권 실버타운이 모두 만실이 됐고 인기가 높은 곳은 몇 년씩 대기해야 하는 일이 생겼습니다.

2014년에는 실버타운을 양로원 정도로 생각했는데 인식이 바뀌면서 관심도가 10배 이상 높아졌습니다. 자연히 대기업들도 실버타운 산업에 뛰어들었고, 2025년에 대규모 실버타운이 네 곳이나 오픈 예정이랍니다. 그런데 이러한 시류를 타고 일부 유튜버들이 구독자 관심을 끌기 위해 정확하지 않은 실버타운 정보를 흘리고 이곳저곳 블로그나 SNS에 실버타운에 관한 잘못된 자료가 넘쳐나는 것을 보면서 리서치 회사로서 실버타운의 정확한 정보를 책으로 출간해야겠다고 생각했습니다. 그래서 1년 넘게 실버타운을 전수조사한 결과물인 《실버타운 사용 설명서》를 준비하고 있습니다. 1부 실버타운 100문 100답, 2부 34곳 실버타운 상세 분석으로 구성했습니다.

이어서 요양원과 요양병원도 어떤 곳이 좋은지 어떻게 선택해야 하는지 모르는 분들을 위해 지난 1년간 전국의 기관을 방문해 자료조사를 마치고 원고 정리 단계입니다. 《실버타운 사용 설명서》와 비슷한 형식으로 《요양원 사용 설명서》와 《요양병원 사용 설명서》도 순차적으로 준비 중입니다.

Q. 좋은 실버타운이나 요양병원, 요양원을 잘 소개하는 게 중요해 보입니다.

맞습니다. 좋은 요양병원, 요양원에 가는 것보다 중요한 건 나쁜 데를 안 들어가는 것이죠. 예를 들어 1인분에 2만 원을 내고 소갈빗살을 주문했는데 원가가 4만 원인 한우 생등심을 주는 식당은 없습니다. 반대로 2만 원을 받고도 병으로 죽어 식용할 수 없는 젖소 갈빗살을 버젓이 주는 식당은 있을 수 있습니다. 음식값으로 2만 원을 내면 적어도 2만 원 가치가 있는 고기를 먹어야 하는데 5천 원도 하지 않는 병사한 젖소고기를 먹으면 탈이 나고 맙니다. 그래서 어떤 식당이 정상적인 소갈빗살을 식재료로 쓰는지 알기만 해도 병사한 젖소고기를 눈속임으로 판매하는 곳은 피할 수 있습니다.

이처럼 안 좋은 곳을 피하는 것이 중요하기에 객관적 데이터로 평가해서 알려드리고자 합니다. 건강보험심사평가원에 들어가 보면 요양병원을 평가해 1~5등급이 매겨져 있고, 국민건강보험공단의 '장기요양기관 찾기'에 들어가 보면 요양원도 A~E등급으로 분류돼 있습니다. 그러나 일반 국민 대다수는 이렇게 정부에서 이미 요양병원과 요양원을 평가해 등급을 매겨 놓은 사실을 모릅니다. 물론 정량적 평가이기 때문에 최상위 등급 요양병원과 요양원이 모두 좋다고는 할 수 없지만 적어도 1등급 받은 요양병원이 4~5등급 받은 곳보다, A등급 받은 요양원이 D~E등급 받은 요양원보다 좋을 가능성이 높습니다.

반대로 4~5등급 요양병원이나 D~E등급 요양원이 모두 나쁜 곳이라 보기는 어렵지만 나쁠 가능성이 크다고 볼 수 있죠. 이렇게 공개적으로 등급이 매겨져 있는데 굳이 1등급 요양병원과 A등급 요양원을 두고 다른 데를 갈 이유는 없는 거죠.

같은 1등급 요양병원과 A등급 요양원이더라도 특징이 달라요. 이는 마치 정식으로 허가받은 소갈빗살을 판매하는 식당이라도, 식재료는 같지만 위생 상태가 안 좋거나 직원이 적어 오래 기다려야 하는 곳이 있는 것과 같습니다. 제대로 된 서빙을 받지 못하거나 직원들이 불친절할 수도 있습니다. 이처럼 식재료인 소고기는 같아도 식당의 퀄리티는 다른 요소에 의해 결정될 수 있습니다.

요양원을 예로 들어볼게요. 요양원은 입소한 어르신과 요양보호사 비율을 2.1:1 이상이 되어야 한다는 규정이 있어요(기존 2.3:1 배치 기준에서 2.1:1로 배치 기준 강화, 노인복지법 시행규칙 일부개정령안 2025년부터 시행). 식당으로 치면 고객 2.1명당 1명의 서빙 직원이 있어야 하는 거죠. 그런데 어떤 요양원은 A등급인데 간신히 2.1:1의 비율을 지키고 있고, 어떤 곳은 서비스 질을 높이려고 요양보호사를 규정보다 많이 고용해 2.0:1인 이하인 곳도 있어요. 2.1대 1과 2.0대 1은 나름대로 큰 차이인데 일반인은 그 숫자가 무슨 의미인지 모릅니다.

2.1대 1은 요양원 정원이 입소자 210명일 때 요양보호사 100명을 고용하는 것이고, 2.0:1은 정원이 210명이면 요양보호사 105명을 고

용하는 곳으로 5명이나 더 많은 요양보호사가 일하는 곳입니다. 정부에서 100명만 고용해도 괜찮다고 했는데 5명이나 더 고용한 요양원은 당연히 어르신 돌봄을 더욱 잘 해드릴 수 있는 곳이죠. 5명이 별것 아닌 것 같아도 1인당 급여로 최소 연봉 3,000만 원을 지급하는 것으로 따지면 연간 1억 5천만 원이나 더 투입하는 셈입니다. 굳이 연간 1억 5천만 원의 순이익을 포기하면서 운영하는 요양원이 있다면 그 요양원의 서비스는 보장돼 있다고 봐야죠.

이렇게 같은 A등급 요양원이라 하더라도 요양보호사가 많으면 마치 식당에 직원들이 많아서 서비스를 잘 제공하듯이 요양원에서도 요양보호사 손이 부족하지 않아서 좋습니다. 그밖에 식당의 예를 들면 직원만 많아서 되는 것이 아니고, 직원들이 친절해야 하고, 위생 상태가 좋아야 하며, 조리사가 음식을 맛있게 만들어야 할 것입니다. 이렇게 식당의 여러 요소가 있듯이 요양원도 단순히 요양보호사 숫자 외에 여러 특징을 찾아낼 수 있는데 그러한 것을 저희가 분석해서 착한 식당 알려주듯이 착한 요양원 리스트를 만들고자 한 것입니다.

전국에 약 4,300개의 요양원이 있습니다. 전부 엑셀에 집어넣고 분석했어요. 그 분석 기법은 정부 기관의 공개자료와는 차원이 다릅니다. A등급 요양원은 전국에 650개 정도 나왔고요. 상위 등급에다 요양보호사 근무자 비율이 높은 곳이 안전합니다. 지금 말씀드린 건 한 가지 항목이고 거기에 세부 항목으로 요양보호사의 이직률 등도 소개

합니다. 그런 분석 툴로 10개 정도 항목을 만들어 결과치를 분석하면 베스트 요양원은 아니어도 나쁜 곳은 피할 수 있죠. 이런 방식으로 실버타운, 요양병원, 요양원의 백서를 출간해 많은 분께 유익을 드리고자 합니다.

Q. 한국의 노인은 행복도가 낮고 노인자살률도 높습니다. 그 이유는 어디에 있다고 보시는지요.

한국은 OECD 국가 중 노인뿐만 아니라 전 세대에서 자살률이 높은 편입니다. 출산율은 최저이고요. 꼭 노인에게 한정해 왜 자살률이 높을까 하기보다는 큰 틀에서 논의해야 합니다. 이 노인이라는 카테고리를 잘 생각해 볼 필요가 있어요. 65세 이상이 천만 명인 시대잖아요. 천만 명이면 한국 인구의 20%가 넘습니다. 그냥 '노인' 한 단어로 묶기 어렵죠. 노인을 어떻게 정의해야 할까요?

첫째, 경제적으로 상중하, 건강상으로 상중하 기준만으로 아홉 개로 나눌 수 있어요. 건강하고 부유한 노인에서 병들고 가난한 노인, 부유한데 건강이 안 좋은 분 등이 존재하죠. 그 아홉 개의 세그먼트 중에 누구를 대상으로 이야기하는 것인지 구체적으로 선정해 놓고 논의를 시작해야 합니다. 그렇지 않고 통째로 일반화해 규정하면 현실을 제대로 분석하지 못합니다. 건강 3단계, 경제력 3단계로 가로세로 매트릭스를 만들면 9개로 노인을 분류할 수 있고, 여기에 사교성 3단계(상중하)를 넣으면 3x3x3=27개로 세분화한 노인 세그먼트를 만들 수 있어요. 필요에 따라 변수를 건강이나 경제력이 아닌 활동성이나 종교 등으로 대체할 수 있고요. 결국 장님 코끼리 다리 만지기 식으로 노인 문제에 접근하면 안 됩니다. 코끼리의 코를 이야기하는 것인지, 다리를 이야기하는 것인지 기준을 명확히 해야 하는 것처럼 노인도 독거노인을 이야기하는지, 경제적 약자를 이야기하는지 아니면 경제력 좋은 액티브 시니어를 이야기하는지 구체적으로 대상을 정해 놓고 이야기해야 합니다.

그런데 신문방송에서 노인을 언급할 때 대부분 저소득 외로운 노인을 대상으로 하면서 전체 노인인 것처럼 말하는데 통계적으로도 맞지 않습니다. 65세 노인인구 중 76%가 자가 소유의 집을 가지고 있지만, 30대의 주택 자가 소유율은 42%입니다. 집만 놓고 본다면 65세 이상 노인이 30대보다 부유합니다. 가장 이상적인 노인은 돈도 많고 건강하고 굉장히 활발하게 잘 어울려 지내는 분입니다. 한편 가난하고 아프고 고립된 최악의 경우도 있고요. 이렇게 세부적으로 표적화해서 해결책을 제시해야 현실을 제대로 개선할 수 있어요.

평균수명이 길어지면서 유병 기간도 길어졌고, 자녀에 대한 기대치와 현실과의 괴리, 경제 활동의 단절 등 이 시대 노인은 여러 심리적 고충을 겪고 있습니다. 혼자서도 재미있게 살 수 있는 바탕이 되는 취미, 독서, 철학적 사고를 할 토양이 부족합니다. 사회적인 고립감, 특히 핵가족화로 젊은 세대와 융합해서 살아본 적이 없기에 젊은 세대의 이해를 받기 어렵습니다. 원래 조부모 사랑이 부모 사랑보다 깊은데, 조부모와 같이 살아본 경험이 없는 젊은 세대는 노인을 이해하기 어렵죠. 이러한 단절을 무너트리는 소통과 이해를 접목시킨 이벤트가 필요합니다.

Q. 당면한 여러 노인 문제 중 가장 심각한 것은 무엇이고 이를 해결하기 위해 우선하여 시행하면 좋은 정책은 무엇일까요?

추상적이고 원론적인 말보다 현실에서 힘을 발휘하는 정책이 필요합니다. 경제 문제의 대책으로 기초연금(노령연금) 인상 등은 원론적인 이야기입니다. 경제적 지원을 하면 좋다는 사실을 모르는 사람은 없습니다. 그러나 재원 확보가 문제지요. 단순히 재원을 늘릴 방법이 마땅치 않은 상황에서 어떤 세대에게 경제적으로 더 지원해 주면 좋다는 것은 현실적으로 실현 가능성이 적은 미사여구에 불과하죠.

노인 문제의 핵심은 아이러니하게도 평균수명이 길어진 데 있습니다. 평균수명이 길어진 것은 동전의 양면과 같아서 축복인 동시에 잘 관리하지 않으면 개인적이나 국가적으로 재앙이 될 수 있습니다. 현재 한국의 평균수명은 84세 정도입니다. OECD 평균인 80세보다 4년이 높고 상위권에 속합니다. 이제는 평균수명을 더 늘리는 것이 중요한 것이 아니라 병원에 다니면서 엄청난 의료비를 쓰는 유병 기간을 짧게 만드는 것이 중요하죠. 현재 건강수명은 발표하는 곳마다 차이가 있지만 73세 정도입니다. 그러면 11년이 건강하지 않은 삶, 즉 유병 기간입니다.

이 기간에 요양원이나 요양병원에 입원하면 공적자금만 연간 2천만 원 이상이 들어갑니다. 노인 한 분이 10년간 건강 문제로 요양원·요양병원에 있으면 공적자금 2억 원을 사용하게 됩니다. 이렇게 정부에서 2억 원을 사용하지 말고, 예방책으로 5천만 원을 사용하고 1억 5천만 원을 절약하는 제도를 제시할 수 있습니다. 그 노인 한 분 5천만 원 예산으로 노인 건강수명을 늘리기 위해 중저가 실버타운, 고령자복지주택을 많이 짓고 노인복지관 등을 활성화하는 것이 경제적이면서 현실적인 대책입니다. 노인들도 나중에 아파서 병원에 누워서 지내는 것보다 건강할 때 활동하는 것이 개인적으로 훨씬 더 좋고요. 건강이 무너지기 전에 삼시세끼를 잘 챙겨 드시는 주거환경에서 살도록 하면 건강수명은 늘어나니까요.

또한 정부의 공적 돌봄에서 지역사회 중심의 돌봄으로 범위를 넓히는 것이 필요합니다. 교회, 성당, 지역사회, 각종 단체에서 독거노인을 위한 서비스가 확대되도록 연계 지원하고, 재가 돌봄 체계를 강화하는 것이죠. 아울러 치매에 대한 이해를 확장해 지역의 치매 노인을 배려하고 이해하는 캠페인을 늘려야 합니다.

Q. 개념 정리가 필요한데요. 우선 노인주거복지시설과 노인의료복지시설의 차이를 알아야 할 것 같습니다.

노인주거복지시설에는 양로원(**양로시설**), 노인공동생활가정, 실버타운(**노인복지주택**)이 속합니다. 노인의료복지시설에는 요양원(**노인요양시설**), 공동생활가정(**노인요양공동생활가정**)이 속하고요. 노인주거복지시설은 노인의 주거가 목적이기 때문에 노후를 생각하며 더 편한 환경으로 이사해 살고자 하는 선택지입니다. 실버타운과 유료 양로시설의 차이는 규모와 돌봄의 정도에 있습니다. 실버타운은 노인복지주택으로 규모가 100세대 이상이고 건강한 노인만 입주가 가능한 것에 비해, 양로원(**양로시설**)은 정원이 100명 미만이고 다소 돌봄이 필요해도 입주가 가능한 곳들이 많습니다.

이에 반해 노인의료복지시설인 요양원은 돌봄을 대신해 드리는 곳입니다. 즉, 건강이 안 좋은 노인이 더는 집에서 생활이 어려워 돌봄을 제공받는 곳이죠. 내가 편하게 살기 위해 거주지를 옮기는 것이 아니라 혼자서는 자기 몸을 돌보기 어려워 돌봄 서비스를 받으려고 입소하는 곳입니다. 요양병원은 복지시설이 아니라 의료시설입니다. 정든 집을 떠나 입소하는 것은 요양원과 같지만, 의사의 처치를 통한 치료와 재활을 받기 위해 장기 입원하는 병원입니다.

Q. 정부가 분양형 실버타운을 재개하겠다고 한 후 눈에 띄는 변화는 무엇인가요?

정부가 2024년 7월 23일 경제관계장관회의에서 발표한 '시니어 레지던스 활성화 방안'의 시니어 레지던스는 '고령층 친화적 주거 공간'과 '가사·돌봄 등 서비스'가 합쳐진 개념으로, 실버타운, 실버스테이**(중산층 고령가구 대상 민간 임대주택)**, 고령자 복지주택**(저소득층 대상 공공 임대주택)** 등 3개 유형을 담고 있습니다. 우선 실버타운을 설명하자면 임대 개념으로는 민간사업자들이 잘 안 하려고 하죠. 수익성 측면에서 매력적이지 않거든요. 그러니까 임대형을 일정 비율로 둔 분양형 실버타운을 도입해서 건설 경기를 끌어올리려는 건데 노인주거 전문가들이 모두 놀란 부분이 있어요. 인구감소지역에 짓겠다는 발표 때문입니다.

인구감소지역은 시골인데 얼마나 입주하고 싶어 할까요? 으리으리하게 지어놓고 분양가 몇 억은 하는 데 시골에 지어놓으면 돈 있는 분들이 갈까요? 그렇다고 서민 아파트 형태로 실버타운을 지으면 대기업 입장에서는 실익이 적은데 누가 하려고 할까요? 마치 음식점과 같습니다. 목이 좋은 곳에 고깃집을 내면 누가 봐도 이익 창출이 가능해 민간에서 관심을 갖지만, 인프라가 부족한 시골의 저렴한 분식집은 돈 있는 사람들이 시골에 가서 분식을 먹을 일도 없고 기업의 관심도 못 받아 곧 사라질 것입니다.

분양형 노인복지주택은 소유와 거주에 대한 나이 제한을 두는 것 외에는 일반 아파트와 똑같습니다. 분양받으면 소유권 이전이 되며 아파트처럼 자유롭게 사고팔 수 있습니다. 단, 60세 이상만 가능합니다. 60세 미만은 소유할 수 없으며 함께 사는 것도 법적으로 허락되지 않습니다. 2015년부터는 분양형 노인복지주택은 허용되지 않고 있습니다. 2015년 이후 분양한 노인복지주택은 2015년 이전에 분양형으로 허가를 받아 2015년 이후 완공된 것입니다.

Q. 실버타운의 임대형과 분양형, 혼합형은 어떤 차이가 있나요? 아울러 중요한 문제는 누가 어떤 식으로 운영하는가, 하는 문제란 생각이 듭니다.

임대형 노인복지주택은 전세에 해당하는 입주보증금을 내고 들어가 거주하는 곳입니다. 임대형 노인복지주택의 세대별 소유주는 실버타운 운영사입니다. 실버타운 운영사로부터 각 세대는 전세 개념으로 임대해 입주자는 월 관리비, 시설 사용료, 식사비 등을 냅니다. 문제는 100% 분양형 노인복지주택을 허용하면 2015년 이전의 예를 봤듯이 실버타운 기능을 잃고 노인 아파트화합니다. 실버타운의 본질은 60세 이상인 분들이 입주해서 건강하게 지내시도록 잘 운영하는 것입니다.

그런데 60세 이상의 노인분들은 요구사항이 많고 변수도 많아서 전문성과 진정성이 없으면 운영하기 쉽지 않습니다. 그렇다고 운영사의 실익이 크지도 않고요.

현재 대부분 실버타운이 과거에 운영 적자를 많이 보았다가 현재 만실이 되면서 겨우 적자를 면하고 약간의 이익이 남는 정도입니다. 그러다 보니 대기업 시행사 입장에서는 잘못해서 낙상이나 기타 사고가 나기 쉬운 노인들을 모시고 실버타운을 운영하는 것은 골치 아프고 돈도 안 되기 때문에 매력을 느끼지 못하는 상황입니다. 그래서 100% 분양형이 되면 분양해서 수익 챙기고 빨리 떠나 다른 곳에서 수익성 높은 건설을 하고 싶어 합니다. 그렇다고 노인들만 모인 노인복지주택에서 주민 자체적으로 식당을 비롯해 부대시설을 운영하는 것은 비현실적이고요. 대부분 100% 분양형 노인복지주택은 식당 운영도 안 하고 실버타운 기능을 잃어 일반 아파트가 되고 말았죠.

이에 대해 두 가지 해결책이 있는데 하나는 100% 임대형이고 다른 하나는 분양·임대 혼합형입니다. 100% 임대형 노인복지주택을 지으라고 하면 시행사가 관심이 적고, 100% 분양형 노인복지주택은 시행사는 관심이 많은데 입주해서 거주하는 노인분들이 만족할 만한 실버타운 운영이 안 됩니다. 따라서 서울시니어스타워가 하고 있듯이 분양과 임대를 절충해서 50% 분양 50% 임대, 혹은 70% 분양 30% 임대의 혼합형으로 가는 방법이 현실적인 대책입니다.

Q. 고가의 실버타운이 화제입니다. 노인의 현실을 고려할 때 현재 실버타운이 보완해야 할 점은 무엇인가요?

부유층 입소자를 위한 주거환경에 들어갈 만한 경제력이 있는 노인은 많지 않을 거로 생각하는데 착시 현상입니다. 실제로는 수요가 높습니다. 먼저 공급량을 따져 보겠습니다. 2022년 기준 실버타운으로 불리는 노인복지주택은 39곳으로 1만 세대가 안 됩니다. 2025년에 준공을 앞둔 마곡지구의 'VL르웨스트'는 전체 810세대 중 10억 원이 넘는 세대는 50%가 안 됩니다. 2024년 10월 기준 입주보증금이 10억 원이 넘는 곳은 '더클래식500'의 385세대 등 모두 합해도 500세대 미만이고, 2025년에 오픈 예정인 곳이 약 500세대로 총 1,000세대도 안 됩니다. 이 중에 소위 국민평형이라고 하는 84제곱미터**(25평 기준)** 10억 원이 넘는 곳은 한 곳도 없습니다. 입주보증금이 10억 원 넘는 곳은, 더클래식500 56평, 삼성노블카운티 72평 등입니다.

서울 시내 평균 아파트 가격이 얼마일까요? 2023년 1~7월 서울 아파트 매매를 분석한 자료에 따르면 39.6%의 아파트가 10억 원이 넘는 것으로 나왔죠. 서울 413만 가구의 40%면 165만 가구가 시가 10억 원대 이상 아파트에 살고 있는 것입니다. 실버타운 중 입주보증금 10억 원 이상 되는 1,000세대에 들어갈 수 있는 부유층이 얼마 되지 않는다고 생각하지만, 10억 넘는 아파트를 보유한 서울시던 165만 명이 소유한 아파트를 전세 놓으면 전국 모든 실버타운에 들어갈 수 있습니다.

물론 실버타운을 경제적 약자나 저소득층이 들어가는 곳으로 본다면 입주보증금 5억 원이 넘는 곳은 당연히 부담될 것입니다. 그러나 서울 경기를 벗어나면 입주보증금 1억 원 미만의 실버타운도 많습니다. 실버타운은 가격에 상관없이 더 많이 건설할 필요가 있습니다. 일상생활을 돕는 사람이 없는데 비싼 아파트에 살면서 식사를 잘 못하시다가 건강이 나빠져 요양원·요양병원에 가게 되는 것보다 빨리 실버타운으로 입주해서 건강하게 사는 편이 노인복지 관련 공적자금을 아끼는 길입니다.

Q. 실버타운 운영자의 자격과 중요한 고려 사항은 무엇인가요?

실버타운 운영은 형태와 목적에 따라 운영자가 다를 수 있습니다. 중저가형은 복지 차원의 주거시설로 저소득층이 입주하며, 종교법인과 복지법인에서 운영할 때 내실 있는 주거 공간이 됩니다. '서울시니어스타워'와 같은 중·소규모 실버타운은 뜻을 가진 개인이 법인을 운영하며 좋은 퀄리티를 창출하고 있습니다. 그리고 고가의 대규모 형태는 개인 법인이 운영하기는 힘들죠. 대기업이 해야 제대로 운영됩니다. '삼성노블카운티', 'VL르웨스트', '백운호수 푸르지오 숲속의 아침' 등이 이에 해당합니다. 부산의 'VL라우어(롯데호텔앤리조트)'와 '라티브(자이S&D)'도 기대가 되는 실버타운입니다.

실버타운을 운영하기 위해서 운영 책임자가 특별히 갖추어야 할 자격조건은 없습니다. 이에 반해 요양원은 시설장이 사회복지사 자격증 소지자 또는 의사나 간호사 같은 의료인이어야 합니다. 요양병원은 개원 자격이 더 엄격해서 의사 혹은 한의사로 제한하고 있습니다. 이런 면에서 실버타운은 운영자의 자격조건을 따지기보다 자금력과 시설을 어떻게 조성해 잘 운영할 것인가 하는 기획력이 중요합니다. 특히 운영자의 철학과 헌신이 전문 자격증보다 훨씬 중요하죠.

대표적인 케어형 실버타운인 '케어닥 케어홈'처럼 대기업이 아니어도 운영할 수 있는 곳이 있습니다. 맞춤형 주거복지시설로 돌봄 과정에서 실버타운과 요양원의 중간 단계로 이러한 수요가 있는 노인을 위한 시설이죠. 케어닥 케어홈은 배곧 신도시점을 시작으로 송추 포레스트점, 용인 더퍼스트점이 있습니다. 그 외 유료 양로시설도 30여 곳이 있는데 실버타운과 비슷하며 돌봄 기능을 갖추고 있그 개인법인, 종교법인, 사회복지법인 등이 운영합니다.

Q. 입주민이 나이가 들면 치매 진단을 받는 분들이 늘어날 텐데, 이에 따른 해결책은 무엇인가요?

평소 치매인지 모르고 지내다가 노인장기요양등급 신청을 위해 의사 소견서를 떼거나 치매안심센터 등을 통해 치매 진단을 받는 분들이 늘어날 수 있습니다. 치매가 갑자기 늘어나는 것이 아니라 치매 진단 확정을 받은 분들이 많아지는 것이죠. 조기 진단을 받는 것은 긍정적이라고 볼 수 있습니다. 가만히 숨기고 있기보다 치매인지 아닌지 빨리 진단을 받아 병증에 맞게 대처할 수 있는 주거시설과 치료 프로그램을 만나는 것이 중요하죠.

실버타운은 입주 시기에 치매가 없다가 살던 중에 치매가 생겼을 때의 조항을 계약에 담고 있습니다. 실버타운은 입주한 분들이 오랜 기간 생활하는 곳이어서 노인성 질환으로 건강이 나빠진 분들을 나가라고 할 수 없고요. 실버타운 내에 인지기능이 저하된 노인을 위한 주야간보호센터나 요양원을 같이 설립하고 있습니다. 치매 진단 입주민을 무조건 내보내는 게 아니라 실버타운 내에 돌봄과 치료가 가능한 별도의 공간을 두어 지내실 수 있도록 하죠. 그래서 사회 전반에 치매에 대한 이해가 높아져야 하고요.

Q. 이 대표님은 65세 이후 어떤 집에서 살고 싶으신가요?

저는 계속 책을 쓰고 노인복지 관련 활동을 할 계획입니다. 어느 정도 주변 정리가 되는 65~70세에는 '고창웰파크시티 힐링카운티' 입주를 생각하고 있습니다. 현재 의료와 돌봄을 함께 받고 계신 어머니를 웰파크시티 내 요양병원에 모시고, 저는 힐링카운티 장기 숙박 펜션에서 아내와 둘이 지냈으면 합니다. 70~75세에는 수도권에서 멀지 않은 강화도 등에 조그마한 마당이 있는 시골집에서 살고 싶습니다. 75

세 이후에는 성당이 안에 있는 실버타운을 생각하고 있습니다. '마리
스텔라', '월명성모의집' 등이 좋은 모델이고요.

**Q. 노인이 행복한 나라가 되기 위해 우리나라에 우선하여 필요한 정책과 제도
는 무엇일까요?**

노인들에게 필요한 교육을 시행해야 합니다. 세대가 바뀌면서 생각
과 문화, 철학이 급변하고 있는데 노인 세대는 이에 대한 해석과 의식
의 변화가 없습니다. 막 사회로 나가는 취업준비생들을 교육하듯이,
이제 막 은퇴해 고령 세대로 접어드는 시니어 초년생들에게도 교육이
필요합니다. 젊은 세대를 이해하는 지식, 성찰, 철학이 없으면 세대 갈
등은 깊어만 갈 테니까요. 여기에 서예, 공예, 사진 등 은퇴 후 재미있
게 지낼 수 있는 취미 교육을 적극 권장해 고립되지 않고 사교 활동을
이어가시도록 도와야 합니다.

**Q. 노인 천만 시대에 치매 노인도 급격히 늘어나고 있지만, 진단 후 돌봄은 제
대로 이뤄지지 않고 있습니다. 일본처럼 소규모 공동가정인 택로소 형태가 이상
적이라고 하지만, 주거, 돌봄, 의료가 분리된 우리 현실에 각자도생, 각자도사, 무
전유병이 이어지고 있습니다. 이에 대해 고견을 듣고 싶습니다.**

김천 영암산 아래에 있는 월명성모의집의 경우 입주 비용이 보증금
6천만 원, 식대 포함 월 88만 원, 부부 138만 원입니다. 월명성모의집

과 같은 실버타운을 많이 만들어 정부에서 50% 정도를 보조해 입주민이 50~100만 원을 내고 건강하게 생활할 수 있는 중저가 실버타운이 대안이 될 수 있습니다. 병에 걸리기 전 활동이 가능할 때 미리 실버타운에 들어가 생활하면서 기본 생활 시스템에 놓이면 건강하게 지낼 가능성이 높아집니다. 기초생활보장 수급자 노인은 무료·실비 양로시설에 갈 수 있고요. 일부 비용을 내더라도 적절한 실버타운에 입소하면 치매 관리도 가능해집니다. 실버타운에서 건강이 악화되면 그 안에서 돌봄 서비스를 받을 수 있고요.

최근에 지어진 고령자복지주택은 깨끗하고 내부 시설과 디자인이 좋습니다. 1층에는 노인복지관이 있고 일반 실버타운이 갖춘 식당, 취미실, 교육실 등의 기본 시설이 갖춰져 있습니다. 월 비용이 아주 저렴한 고령자복지주택 안에서 저렴한 가격으로 식사가 가능하고, 기타 부대 시설을 무료로 사용하며 친구도 사귈 수 있습니다. 아프기 전에 미리 이런 시설에 입주해 사람도 만나고 식사도 잘 드시는 것이 건강을 위한 좋은 선택입니다.

그래서 실버타운도 액티브한 60~70대를 위한 실버타운, 식사를 비롯해 생활 서비스가 필요한 70대 후반~80대를 위한 실버타운, 돌봄이 필요한 초고령자를 위한 실버타운 등으로 세분화해 만든다면 어르신들도 본인의 상황에 맞추어 들어가 필요한 돌봄을 받으실 수 있을 것입니다.

노인들의 생각이 바뀌고 있습니다. 사실 바뀌는 것이 아니라 시대가 변하면서 자녀에게 돈을 물려주지 않겠다고 생각하는 장년층이 노인층에 들어오고 있습니다. 노인이 자신을 위해 지갑을 열지 않는 모습은 점진적으로 바뀔 것입니다. 10년 전에 비해 많이 달라졌고 앞으로 10년이 지나면 지금보다 훨씬 많이 달라질 것입니다. 당연히 시니어비즈니스도 현재의 B2G나 B2B에서 B2C로 가겠지요. 앞으로 청년들은 돈이 없는 데 반해 은퇴자는 월등히 자산이 많을 것입니다. 2022년 기준, 전체 순자산 규모에서 60세 이상 가구주가 차지하는 비중이 32.2%에서 37.7%로 증가했습니다. 반면 39세 이하 가구주는 전체 자산에서 차지하는 비중이 14.7%에서 13.1%로 감소했습니다. 한국 전 국민이 가진 가계 자산 중 60대 이상이 가지고 있는 자산이 46%입니다. 부동산, 현금자산 등 모두 다 포함해서요. 이는 시간이 흐를수록 늘어날 것입니다. 미국도 60세 이상 노인의 가계 자산이 69%로 점점 늘어나고 있습니다. 이처럼 노인이 갑자기 돈이 많아지는 것이 아니라 경제력 있는 중장년층이 노인인구로 편입되기 때문이지요. 시니어 산업은 커질 수밖에 없습니다.

Q. 치매 공감 전문 언론인 디멘시아뉴스에 당부하고 싶은 말씀을 부탁드립니다.

치매 환자 주변 가족에게 치매가 무엇이고 어떻게 이해해야 하는지 잘 교육해 주는 게 절실하다고 생각해요. 저도 치매 가족으로 경험이 있는데 아내가 치매 어른을 보살피면서 상처를 많이 받았거든요. 사전에 충분한 치매 교육을 통해 환자의 행동을 이해하고 마주하면 훨씬 나았을 것입니다. 환자와의 신뢰와 친밀함을 유지하는 지혜가 가장 중요하다고 생각합니다.

그래서 치매 환자뿐만이 아니고 이를 관리하는 전문가를 양성하고 일반인에게 치매 인식개선 교육과 돌봄 교육을 폭넓게 시행해 서로가 마음 아프지 않게 대응하는 방법을 숙지하면 좋겠습니다. 느닷없이 치매 환자가 생겨도 이해가 빠른 가족이 있으면 적응해 내는 데 큰 도움이 될 테니까요. 디멘시아뉴스가 치매 환자뿐만 아니라 치매 가족과 주변인들을 위해 많은 정보와 교육의 기회 등을 제공하는 대표 언론사로 자리매김하길 응원합니다.

시설 입소 경계선에 있는 노인을 위한 영구임대주택
_안산시 노인케어안심주택 담당 사회복지사 6인

지역사회 통합돌봄 모범 사례 '안산시 노인케어안심주택'
마을 안에서 이웃과 따뜻한 정을 나누며 살아가는 노인주거 환경

"시설에 들어가고 싶지는 않아요."

"살아온 지역의 친숙한 집에서 계속 살고 싶어요."

"돌봐줄 사람이 필요한데 가족 중에는 돌봐줄 사람이 없고…"

이런 노인들을 위한 주거 지원사업이 있다. 안산시는 세 곳에서 소규모 빌라 형태의 노인케어안심주택을 운영하며 좋은 모델로 주목받고 있다.

2008년 노인장기요양제도가 도입돼 노인 돌봄의 경제적 부담을 덜고 요양시설 입소를 통해 치매 노인의 돌봄 문제를 어느 정도 해결해

왔다. 그러나 시설등급을 받아 한 번 입소하면 병증의 심각성에 따라 다른 시설로 옮겨 다니다 사망 후에야 시설에서 나오게 되는 현실이다. 그럼에도 치매 진단을 받으면 시설 입소부터 고려하는 보호자가 적지 않다. 경증 치매 환자나 입소 시설 경계선에 있는 노인을 위한 맞춤형 주거 시설이 바로 '노인케어안심주택'이다.

입주대상자는 안전한 생활 유지가 불가능해 돌봄을 받아야 하고 거주지 이전이 불가피한 노인이다. 안산시 노인케어안심주택 입주 자격 요건은 안산시에 주민등록이 되어 있는 만 65세 이상 무주택자이면서 시설 및 병원 퇴원(예정) 환자, 장기요양재가급여자, 등급외자 등 돌봄이 필요한 저소득층 노인이 우선 입주 대상이다. 저소득이 우선순위이기는 하나 소득 기준을 제시하고 있지는 않아 보편적 돌봄을 지향한다. 돌봄, 요양, 사례관리 등 서비스를 받는 대상자 중에서 주거 이전이 필요한 분들을 추천받아, 안산시 지역통합돌봄팀에서 입주자 선정 회의를 통해 입주 어르신을 선정한다.

안산시 노인케어안심주택은 LH에서 준공 후 그 목적에 맞게 운영하는 관리 주체로 보배케어안심주택은 선부종합사회복지관, 일동케어안심주택은 부곡종합사회복지관, 본오케어안심주택은 본오종합사회복지관에 각각 일임했다. 주택 형태는 9~10가구가 모여 사는 빌라 동 한 채씩이며 전담 사회복지사들을 배정했다.

2021년 5월 고잔동(9가구)과 일동(10가구)에 각각 한 동씩 총 19명이 입주했고, 2023년 10월 본오동(10가구)에 한 동을 준공해 2024년 1월 10명이 입주했다. 현재 총 29명이 노인케어안심주택에서 식사, 의료 및 돌봄 지원과 인지 교육 프로그램 등을 제공받으며 거주 중이다. 모든 동에는 커뮤니티 공간을 배치해 거주자 모임, 회의, 집단 활동과 인지 관련 프로그램이 진행된다. 각 복지관을 담당하는 2인의 사회복지사는 한 동의 케어안심주택을 맡아 입주자들이 불편함이 없도록 관리하고 다양한 프로그램을 지원한다.

안산시 노인케어안심주택 3곳의 불편 사항이나 문제들을 관리하고 서로 정보를 교환하는 복지관 담당자들 회의에 참석해 인터뷰를 진행

안산시 상록구 일동의 모두안심주택(일동케어안심주택)

했다. 인터뷰 장소는 일동케어안심주택의 커뮤니티실이다. 인터뷰는 안산환경재단 지속가능정책실 한소정 박사와 본오종합사회복지관 안혜성 과장, 김한나 사회복지사, 부곡종합사회복지관 이은규 팀장, 선부종합사회복지관 장유진 과장과 박지혜 사회복지사 등 여섯 명이 함께했다.

Q. 세 군데 노인케어안심주택은 언제 문을 열었고, 누가 지어서 어떻게 운영하는 시스템인가요?

장유진 과장: 보배케어안심주택(이하 보배)과 일동케어안심주택(이하 일동)은 2021년 5월에, 본오케어안심주택(이하 본오)은 2024년 1월에 입주를 개시했습니다. 3개 기관의 시설 관리는 안산지역자활센터에서 맡고 있고요. LH가 임대주택을 지으면 안산시가 책임지고 공실이 없도록 운영하며 하자 수리 등 주거 관련은 안산지역자활센터에서 맡고 있어요. 그리고 보배는 선부종합사회복지관이, 일동은 부곡종합사회복지관이, 본오는 본오종합사회복지관이 운영을 주관해요.

Q. 입주 어르신이 내는 비용과 안산시가 이 사업에 편성하는 예산 규모가 궁금합니다.

이은규 팀장: 초기 계획 당시에는 입주 어르신에게 보증금 200여만 원에 월 임차료 20만 원 정도 부담하는 안으로 정했지만, 주택마다 평

수가 달라 조정이 됐어요. 현재는 보증금 400~500만 원에 월 21만 ~27만 원의 임차료를 받고 있어요. 저소득층 노인에게 경제적인 혜택을 드리면서 삼시세끼 식사와 다양한 노인 친화형 프로그램을 제공하죠. 시에서 편성한 운영 예산은 1억 2천만 원으로 기관당 4천만 원이에요. 이 안에서 담당자 인건비와 사업비, 프로그램 운영비 모두를 분배해야 합니다.

Q. 정부는 노인케어안심주택을 전국으로 확대할 계획이 있고, 현재 안산시의 사례를 배우려고 다른 지역에서 견학을 온다고 들었는데요. 안산시 노인케어안심주택의 특징이 무엇인가요?

안혜성 과장: 지역사회의 복지관 중심으로 운영하는 것이 가장 큰 특

정면 좌측 부곡종합사회복지관 이은규 팀장, 우측 본오종합사회복지관 안혜성 과장

왼쪽부터 본오종합사회복지관 김한나 사회복지사, 선부종합사회복지관 장유진 과장, 박지혜 사회복지사,
안산환경재단 지속가능정책실 한소정 박사

징이에요. 빌라 한 동의 소규모 가구로 운영하는 것도 차별점이죠. 외부에서 알고 싶어하는 부분도 이 부분이에요. 전담 사회복지사 1명이 작은 가구의 빌라 한 채를 운영하는 특이한 방식인데, 다른 지역은 이렇게 하지 않거든요.

한소정 박사: 주거·복지·보건의료를 포괄하는 '지역사회 통합돌봄 선도사업'을 2023년에 '노인의료·돌봄통합 지원사업'으로 이름을 바꿨어요. 안산시는 계획도시로서의 특징과 노인케어안심주택이 잘 맞아떨어졌어요. 아파트와 연립주택이 구분돼 있고, 공공임대주택이 많이 지어졌죠. 전국 지자체 중에 공공임대주택이 가장 많은 지역이 안산이에요. 이런 소규모 연립 형태를 공급하기가 수월하죠. 특히 노인케

어안심주택은 기존 건물을 개축하는 건 불가능해요. 유니버설 디자인 **(나이, 장애, 성별, 언어에 제약받지 않도록 설계하는 것)**으로 신축해야 하죠. 휠체어 이동, 노인에게 편한 복도와 엘리베이터, 커뮤니티실 등 노인 돌봄 환경에 맞는 공간으로 지어야 합니다. 그래서 지자체가 적극성을 가져야 하고요. 소규모로 운영하는 구조는 비효율적으로 볼 수 있지만 입주 어르신들의 만족도는 아주 높아요.

이은규 팀장: 복지관에서 관리하다 보니 전담 사회복지사가 배치돼 있어 입주 어르신들께 친밀하고 즉각적인 서비스가 가능해요. 복지관의 다양한 자원이 투입되죠. 사례별 관리가 가능하고 치매안심센터와 연계해 인지 훈련 프로그램도 연 3~4회 진행합니다.

장유진 과장: 보건소와도 네트워킹해서 입주 노인의 만성질환을 관리하고 있어요. 의료와 돌봄 기능이 원활하게 작동되고 있죠.

본오케어안심주택 (좌) 휠체어 이용 안전바와 의자가 설치된 샤워 화장실, (중간) 냉장고, 인덕션, 세탁기 빌트인 거실, (우) 붙박이장 포함한 방 / 본오종합사회복지관

안혜성 과장: 커뮤니티케어의 형태로 권역별 10가구의 어르신에게 의료와 돌봄 복지 지원은 복지관이 가장 잘하는 분야여서 장점이 큽니다. 한편으로 안산의 노인케어안심주택 모델은 1동 9~10가구로 규모가 작아 세대수와 효율성 관점에서 약하게 보는 측면도 있습니다. 안산시 노인케어안심주택을 견학한 분들은 더 많은 가구 수를 운영해야 효율적이지 않으냐는 의견도 분분하죠.

Q. 아파트형 다가구보다 연립주택형 10가구 내가 장점이 많지 않을까요? 일본의 '택로소'처럼 지역 내 공동가정생활 시설이 어르신에게 안정적이란 분석이 있고요.

안혜성 과장: 저희가 지금 복지관에서 여러 일을 하는 동시에 케어안심주택 전담 사회복지사로 배치돼 있어요. 입주민들이 안심하고 양질의 케어를 받도록 하며 복지관 내 다양한 자원을 연결해 드리고 있어요. 복지관이 입주민 한 분 한 분을 세밀하게 돌보며 좋은 프로그램을 접목시키는 장점이 있죠. 외부에서는 대형 요양시설 형태의 운영을 선호하는 측면이 강해 현재의 안산시 모델은 운영 콘텐츠의 장점이 많아도 복지 효율성은 약하게 보는 측면이 있어요. 이런 복지 정책을 시행하고자 하는 관리자들은 기본적으로 수용 대상이 많아야 한다고 생각하죠. 정량적 성과를 내서 정부에 보고해야 하니까요.

일동케어안심주택의 신체, 마음, 관계 3UP 프로그램 / 부곡종합사회복지관

Q. 입주민 중에 치매 진단을 받은 분이 있는지, 그리고 치매 케어 관련 프로그램도 시행하나요?

김한나 사회복지사: 노인장기요양보험 등급을 받은 분들이 계세요. 저희 주택에는 3등급이 한 분 계시고 4등급과 5등급 어르신은 여럿 계세요. 데이케어센터로 모시고 가서 치매 케어를 받도록 하고 있어요. 치매안심센터와 연계해 연 3~4회 인지훈련이나 치매 예방 프로그램을 진행하고 있고요. 보건소와 밀착해서 어르신께 필요한 다양한 프로그램을 연결해 드리기도 합니다.

Q. 현재 우리 사회에 이런 저소득층 노인을 위한 복지주택이 많이 필요합니다. 요양병원이나 요양원 입소 전이지만 외롭고 가난한 사각지대에 계신 분에겐

구원과도 같은 집이란 생각이 듭니다.

한소정 박사: 와상환자가 아닌데 시설에 들어가 천편일률적인 밥과 폐쇄적 환경에서 지내는 건 고통이죠. 한편 나는 내 삶을 스스로 살고 싶다는 분들에게 이 케어안심주택은 더할 나위 없이 좋은 집입니다.

Q. 치매 증상이 심한 분도 계신가요?

이은규 팀장: 증상이 심하신 분보다 경계선에 계신 분이 대부분이에요.

장유진 과장: 지역사회 내 돌봄 서비스를 받으며 혼자서 지낼 수 있는 분이 이곳에 입주하세요. 내 삶을 스스로 살고 싶어 하는 분들이죠.

안혜성 과장: 치매 중증도가 높아지면 가족과 충분한 대화를 나눠요. 현재는 데이케어센터를 연결해 낮에 보호받는 시스템이에요. 추후 치

일동케어안심주택의 보건의료 프로그램 / 부곡종합사회복지관

매가 심각해지는 이슈가 발생하면 최대한 지원 자원을 찾아 차선책을 알아보고 시와 가족과 논의해서 가족이 결정토록 합니다.

김한나 사회복지사: 현재는 대부분 혼자 사실 만한 건강 상태의 분들이 입주해 계세요.

Q. 입주 신청자가 밀려 있지는 않은가요?

안혜성 과장: 밀려 있는 시스템은 아니에요. 처음 오픈할 때 가구수만큼의 신청만 받아서 요양시설 퇴소 후 바로 입주가 필요한 분들이 들어오셨어요. 아직 대기 시스템을 운영하진 않아요. 2년마다 재계약하며 영구 거주가 가능하므로, 새로 지어야만 입주 티오가 나와요. 문의는 종종 받아요.

Q. 입주 어르신의 삶이 달라진, 실제 사례를 들려주세요.

이은규 팀장: 가장 큰 만족은 집 걱정 없이 살게 된다는 점입니다. 전월세에서 집주인 눈치 보고 쾌적하지 못한 노후화된 환경에서 살다가 오신 분들이에요. 현재 깨끗한 환경에서 저렴한 비용으로 사니 삶의 질이 달라지죠.

한소정 박사: 특히 고잔동 보배케어안심주택은 전국 최초로 유니버설 디자인이 적용돼 모범이 됐고, 케어안심주택 모두 거동이 불편한 노인분에게 쾌적한 집이에요. 넉넉한 엘리베이터 공간에다 휠체어가 복도

와 방으로 왔다 갔다 할 수 있죠.

이은규 팀장: 이전에 혼자 고립돼 계시다가 케어안심주택에 입주 후 열 분의 이웃 어르신과 커뮤니티실에서 함께 프로그램에 참여하며 심리적 안정과 즐거움을 누리고 계시죠. 자신과 비슷한 처지의 나이대에 계신 분과 교류하면서 긍정적으로 바뀐 것이 좋은 피드백으로 나타나고 있습니다. 케어안심주택마다 프로그램이 다릅니다만, 주민 활동가가 함께 참여해서 지역 내 케어안심주택 중심으로 돌봄 대상자를 발굴하는 역할도 하고 있어요. 입주해 계신 어르신 중에 돌봄이 더 필요한 분을 위한 지역 공동체적 돌봄의 통로가 열려 있죠. 특히 돌봄을 받는 입주 어르신이 주도적으로 돌보는 역할을 하기도 하세요.

김한나 사회복지사: 가장 큰 효과는 내 집이라는 안도감을 느끼시는 거예요. 괜찮은 양로원도 개별 케어는 안 되는데 여기서는 가능하죠. 매일 케어가 적극적으로 보장되니 말이에요. 통합돌봄의 의료와 주거 서비스가 모두 들어가 있는 이상적인 돌봄 환경입니다.

한소정 박사: 보배에 입주한 어르신 중에 허리를 다쳐서 입원한 뒤 퇴원해야 하는데 이전의 집은 계단이 많아 불편해 이곳에 입주하면서 편하게 치료받으셨어요. 케어안심주택으로 삶이 보장된 분이죠.

장유진 과장: 가장 큰 의의는 지역사회의 공동체로 함께 살아간다는 점이에요. 이것이 케어안심주택의 정체성이기도 하죠. 예를 들어 보배에서는 한 달에 한 번 어르신 요리교실을 진행하는데 그 요리를 한 세

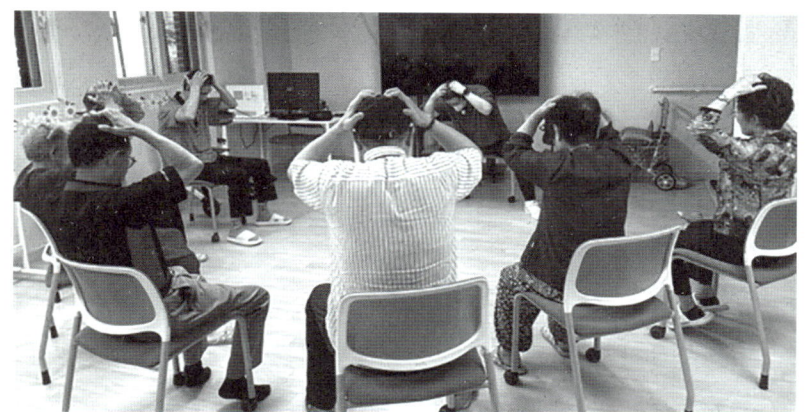

본오케어안심주택의 건강 체조 프로그램 / 본오종합사회복지관

트 더 만들어 이웃과 나누었어요. 케어안심주택에 일자리사업으로 오시는 선생님들께 자기가 만든 반찬을 전한다든지, 본인이 다니는 경로당의 회원분들과 나눈다든지 하여 단순한 인지 프로그램으로 끝내는 게 아니라 매개체로 활용해 관계를 형성하고 확장하기도 해요. 일반적인 교육 문화 프로그램과 다르게 운영하죠.

박지혜 사회복지사: 저희는 단순 재미나 여가 활동 시간보다는 어르신들이 사회성을 갖고 사교적 활동을 유지하는 데 의미와 목적을 두고 대화 나누며 프로그램을 진행하고 있어요.

Q. 운영하며 어려운 점은?

박지혜 사회복지사: 예산 문제가 개선될 필요가 있어요. 전담 사회복지

사가 배치돼 여러 프로그램을 운영하는데 인건비 보장이 어려운 구조예요. 인건비와 사업비, 프로그램비가 분리돼 있지 않아서 기관에 따라 프로그램비가 축소되기도 해요.

안혜성 과장: 그렇다고 예산 때문에 프로그램 질을 낮출 순 없어요. 사회복지사는 발로 뛰는 데 특화된 사람들입니다. 공공의 가치를 추구하지만 한계가 있어요. 기본적인 보장 지원이 필요해요. 케어안심주택 외에도 맞춤형 돌봄을 위해 요양보호사와 생활지원사도 연결해야 하고 노인일자리 사업도 연계해요.

보배케어안심주택의 수능 수험생 응원 찹쌀떡 만들기 / 선부종합사회복지관

한소정 박사: 지역 내 독거사하는 어르신이 없도록 안부도 확인하고 말벗이 되어 드리면서 안전 모니터링을 하는데 사회복지사는 여전히 과중한 업무에 시달리는 구조에서 분투하고 있죠.

Q. 운영 관리자로서 가장 큰 보람은?

장유진 과장: 노인케어안심주택의 존재 목적이 잘 이뤄지는 모습을 목도하는 거예요. 지역사회에서 어르신이 안전하게 잘 지내시는 모습, 주민들과 대화 나누며 함께 살아가는 모습 등 지역에서 이웃과 일상이 잘 영위되는 모습을 볼 때 보람을 느껴요. 새로운 복지 형태가 자리를 잡아가는 모습이죠.

이은규 팀장: 지역 내에서 자연스럽게 조화되는 모습이 의미 있게 다가와요. 외관은 그저 평범한 주택처럼 보여 시간이 한참 흐른 뒤 이웃 주민들이 어떤 주택인지 알게 되시죠. 이웃에게 잘 알리는 캠페인을 펼치는 것도 저희 역할입니다.

안혜성 과장: 케어안심주택은 어르신만을 위한 공간이 아니에요. 지역 주민을 위한 역할로 공동 밥상을 제공해 주민들과 자연스럽게 어우러지는 마을 공유 공간의 역할도 추구하고 있어요. 실제로 우리 케어안심주택을 접한 후 이사 오길 잘했다는 어르신도 계세요. 마을 안에서 자연스럽게 이웃 간 따듯한 정을 나누는 효과를 일으킬 수 있다는 기대를 하죠.

Q. 정부에 요청하고 싶은 것이 있다면?

이은규 팀장: 돌봄 로봇과 같은 첨단 IoT(Internet of Things) 기기들을 많이 들여놓았으면 해요. 최근에 어렵게 해피테이블이라는 인지능력 향상 스마트 교육 장비를 구입했는데 겨우 한 대를 마련했거든요. 입주 어르신들에게 이런 교육 도구를 활용할 수 있다면 더 편하게 생활하실 수 있지 않을까 합니다.

Q. 전담 사회복지사들이 이렇게 모여 논의하는 주제는 어떤 것들인가요?

이은규 팀장: 케어안심주택별로 얻은 정보와 사례를 공유해요. 그리고 그 안에서 발생하는 문제점을 점검하고 개선하는 회의 시간을 매월 갖습니다. 예를 들어 이쪽 케어안심주택에서는 이러한 프로그램과 사업을 진행하고 있다는 콘텐츠를 공유하면서 부족한 부분은 서로 보완해 가며 어느 정도 수준을 맞춰야 하는 점도 중요해요. 그러다 보면 자연스럽게 지루하지 않은 돌봄 서비스로 퀄리티를 높일 수 있고요. 치매 관련 인지 기능 향상 프로그램도 꾸준히 진행하고 있어요.

Q. 인터뷰한 사회복지사분들은 노후에 노인케어안심주택에서 살고 싶은 의향이 있나요?

(다 같이) 네, 우리도 이곳에서 살고 싶어요.

본오케어안심주택의 옥상 텃밭 가꾸기 / 본오종합사회복지관

Q. 디멘시아뉴스에 당부하고 싶은 말씀이 있다면?

안혜성 팀장: 케어안심주택은 지역 안에서 함께 돌봄이 가능한 집이에요. 전담 사회복지사가 매일 들여다보며 날마다 다양한 프로그램을 진행하죠. 치매 어르신이 입주해 계셔도 적절한 도움을 찾아 제공하고 있어요. 요양시설 외에 이런 좋은 선택지가 있다는 복지 정보를 잘 소개해 주셨으면 해요.

나이 들어 치매가 오면 어디서 살 것인가?
_경관 디자인 전문가 김경인 박사가 말하는 노후 주거와 돌봄의 기준

노인이 편안하고 건강한 삶을 누리는 집은 어떤 공간인가
집 밖으로 나가게 만드는 도시가 치매 예방 전략

김경인 박사는 경희대 조경학과, 서울대 환경대학원 환경설계전공을 거쳐 일본 교토대에서 건축 기반의 환경지구공학 박사학위를 받았다. 그는 인간환경설계학 연구실에서, 환경심리, 색채 연구를 통해 사람의 삶과 공간이 어떤 상호작용을 하는지 탐구해 왔다. '환경이 사람의 심리에 어떤 영향을 미치고, 어떤 행동으로 나타나는지'를 연구한 경험은 이후 노인과 치매 친화적 환경 디자인 전문가로 자리매김하게 했다.

일본 유학 시절, 연구실 동료가 3년간 '노인 주거복지시설'을 주제로 연구 발표하는 과정을 함께하며 자연스럽게 노인주거 환경에 관심

'경관디자인 공유' 사무실에서 김경인 박사

을 가졌다. 귀국 후에는 장애인 편의시설 체험, 배리어프리 디자인, 학
교 공간 혁신 프로젝트, 노인 공간 디자인 등을 거치며 사회적 약자를
위한 공간 설계에 참여했다. 김 박사는 "초등학교 시절 아버지를 따라
양로당 봉사에 참여한 기억이 내 삶의 배경으로 남아 있다"며, 공간과
돌봄의 문제를 오랫동안 고민해 왔다고 설명했다.

책을 쓰게 된 배경

김 박사는 번역서를 포함해 23권의 책을 출간한 다작 작가이기도
하다. 그중 《나이 들어 어디서 살 것인가》는 초고령사회에 진입한 한

서울시 인지건강 프로젝트 사례, 인지기능이 저하된 노인이 집으로 안전하게 돌아갈 수 있도록
동호수를 노인 눈높이에 맞추어 디자인

십자성어르신사랑방 1층에 마련한 강동시니어클럽상담카페

지역 랜드마크로 자리매김한 강동시니어클럽상담카페 건물과 외부에 배치한 툇마루

국 사회가 마주한 질문에서 출발했다. "2010년대 중반 서울시 인지 건강 디자인 과제를 맡으면서 치매 예방과 관리, 노인의 삶을 지탱하는 공간에 본격적으로 관심을 가지게 됐다"고 회상했다. 이후 7년에 걸쳐 주거, 시설, 실외 환경 계획을 연구하며 치매 친화적 설계 가이드라인을 내놓았다. 학교 공간 혁신 디자인을 장기간 맡아오다가 후배들에게 맡기고, 현재는 노인 주거와 치매 돌봄을 사유하는 경관 디자인에 집중하고 있다.

김 박사는 "실버타운에 대한 사회적 환상이 지나치게 강조되는 현실에 문제의식을 느꼈다"며, 노인이 거주하는 공간을 집, 실버타운,

요양원, 요양병원으로 유형화하고 각각의 한계와 대안을 살폈다. 특히 "집에서 살고 싶어도 실제로는 불가능한 경우가 많다. 안전하지 않은 집, 돌봄이 닿지 않는 주거는 오히려 고립과 위험으로 이어진다"고 지적했다.

집과 시설 사이, 돌봄의 간극

정부는 2026년 3월 27일부터 시행 예정인 '돌봄통합지원법'을 만들며 지역사회 기반의 커뮤니티케어를 강조하고 있다. 하지만 김 박사는 "집과 시설을 이분법적으로 나누는 제도는 현장의 요구와 어긋난다"고 말한다. "중증 치매 환자나 거동이 어려운 노인에게 시설은 필요한 선택지인데, 문제는 집이냐 시설이냐의 문제가 아니라 집처럼 살 수 있는 환경과 서비스를 어떻게 설계하느냐가 중요하다"고 강조했다.

실버타운, 왜 가지 말라고 하나

김 박사는 강연과 인터뷰에서 "실버타운에 가지 말라"는 발언으로 주목받았다. 이유는 크게 세 가지다. 첫째, 비용이 지나치게 비싸다. "한 달에 400만~500만 원을 쓸 수 있는 사람이 들어갈 수 있는데, 이는 고소득층에 국한된다. 실제로 그들은 현재 살고 있는 집에서 프리미엄 실버타운으로 옮기려는 비율이 매우 낮다." 둘째, 세대 단절이다. "실버타운은 건강한 노인을 오히려 시설에 묶어 두어 사회 관계망을 약화시킨다." 셋째, "삶의 회복과 건강 증진보다는 단순 소비와 여가 제공에 치중"해 있다는 점을 들었다.

그는 활동할 수 있는 노인에게 중요한 것은 삼시 세끼가 아니라 일상적 활동과 자율성이라고 강조했다. "한 끼 정도는 직접 요리해야 한다. 씻고 자르고 옮기고 조리하는 과정에서 대근육·소근육을 쓰고, 두뇌도 활성화된다. 치매 예방에도 긍정적이다. 단지 식사를 해결하기 위해 시설에 묶이는 건 바람직하지 않다"는 것이다.

실버타운 논의에서 또 하나 간과되는 점은 입주자의 실제 특성과 욕구다. 김 박사는 "실버타운에 사는 분들을 보면, 정작 요양이나 돌봄이 필요한 노인이 아니라 여전히 활동적이고 건강한 '액티브 시니어'가 많다"고 지적했다. 그는 "밖에서 얼마든지 사회 활동을 이어갈 수 있는 고령자가 단지 편의와 서비스 때문에 집을 줄여 실버타운으로 들어가는 것은 오히려 삶의 활력을 떨어뜨린다"며, "그 시기에 필요한 것은 돌봄 시설이 아니라 사회 관계망과 일자리, 지역사회 참여"라고 강조했다. 또한 주거와 의료의 불균형 문제도 지적했다. 실버타운은 고급 주거와 호텔식 서비스를 내세우지만, 정작 건강이 악화되면 요양시설이나 요양병원으로 옮겨야 한다. 김 박사는 "결국 실버타운은 중간 단계에 불과하다. 마지막까지 머무를 수 없는 곳이라면, 그 높은 비용을 감당할 이유가 약하다"고 지적했다.

김 박사는 실버타운이 실제로는 노인 친화적인 공간으로 설계되지 않았다는 점도 문제로 지적했다. 그는 "유니버설 디자인이 잘 갖춰져 있다고 하지만, 막상 가보면 그렇지 않다"고 말했다. 노인의 신체·정서·사회적 변화 특성을 고려한 환경이어야 하지만, 현실은 그렇지 못하다는 것이다. 예컨대 목욕탕이나 샤워부스에는 1cm 남짓한 단차가 있어도 낙상 위험을 유발하는데, 이런 설계가 여전히 존재한다. 현관 입구에 턱이 있거나, 미닫이문 대신 여닫이문을 사용해 이동이 불편한 사례도 흔하다. 또한 운동시설도 문제다. "실제 노인들에게 맞는 기구가 아니라, 방문하는 자녀 세대의 눈에 그럴듯해 보이는 청년용 운동기구가 설치된 경우가 많다"는 설명이다. 결과적으로 어르신들은 운동에 활용하지 못하고, 시설은 보호자 만족 중심의 보여주기식 공간으로 전락한다.

김 박사는 실버타운의 가장 큰 한계로 폐쇄성과 고립성을 꼽았다. 일본의 경우 지역사회와 소통할 수 있는 구조로 설계돼 있지만, 한국의 실버타운은 외부와 단절된 채 운영되는 경우가 많다. "집이어야 할 공간이 집처럼 기능하지 못하고, 결국 노인을 사회로부터 격리시키는 또 다른 시설로 전락한다"고 설명했다. "굳이 집보다 불편하고 비싼 환경에 들어가 고립될 이유가 없다. 나이 들어 어디서 살 것인가는 '집이냐 시설이냐'의 문제가 아니라, 나에게 맞는 집, 또 다른 집을 선택할 수 있느냐의 문제"라며, 현재의 실버타운은 집으로서의 충분 조건을 갖추지 못했다고 지적했다. 그는 "한국 사회가 실버타운에 집착하는 것은 고령화 불안을 상품화한 측면이 크다"며, "실버타운이 아니라 집에서 살 수 있도록 만드는 지원 정책과 지역 돌봄 체계 그리고 치매 중등 단계에서 안전하게 돌볼 수 있는 요양시설·요양병원의 질적 개선이 더 시급하다"고 결론지었다.

일본과 한국 돌봄 시설의 차이

김 박사는 일본 요양시설을 여러 차례 답사하며 차이를 체감했다고 말했다. "일본은 잔존 능력을 유지해 집으로 돌려보내려는 목적이 뚜렷하다. 다소 위험이 있더라도 자율성을 존중한다. 반면 한국은 '안전'을 이유로 자율성을 배제한다. 결국 시설은 환자를 돌보다 사망을 확인하는 곳으로 기능할 뿐 건강 회복과 삶의 질 개선에는 소극적이다"라고 안타까워했다.

대표적인 사례로 일본의 공적 노인복지시설로 재택에서 생활이 어려운 노인이 입소하여 생활하는 특별양호노인홈(특별양호노인시설)을 들었다. 이곳은 입소 노인의 잔존 능력을 최대한 발휘할 수 있도록 설계돼 있으며, 낙상 위험이 있더라도 스스로 걷도록 유도한다. 물리치료와 작업치료가 일상에 자연스럽게 녹아 있어 일정 기간이 지나면 집으

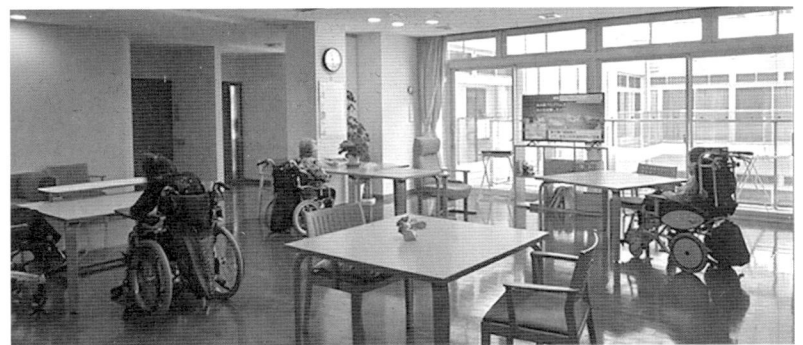

스마기라쿠엔(須磨きらくえん)의 유니트형 요양시설, 중앙에 공동거실이 있고 주변에 개인실이 있으며
이 공동거실에서 대부분의 시간을 함께하며 식사도 한다. / kirakuen.or.jp/facility/suma

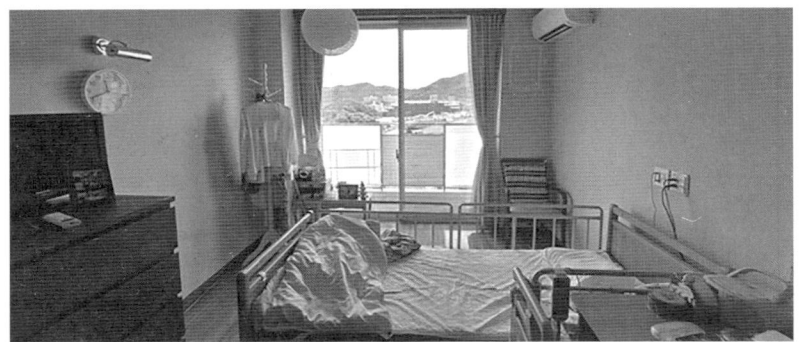

창문이 크고 발코니가 있는 전망 좋은 개인실 / kirakuen.or.jp/facility/suma

긴모쿠세이 우라야스 공용거실은 지역주민도 와서 교류할 수 있다.

로 돌아가는 사례가 적지 않다.

또 다른 사례는 '긴모쿠세이 우라야스'와 같은 서비스 지원형 고령자 주택이다. 이곳은 돌봄이 필요한 고령자도 일정 수준의 자율성을 유지하며 생활할 수 있도록 주거와 지원 서비스를 결합한 모델이다. 입주자는 스스로 식사 준비나 가벼운 가사를 할 수 있도록 했고, 필요한 때만 돌봄 서비스가 개입한다. 김 박사는 "노인이 '돌봄의 대상'이 아니라 '생활의 주체'로 남을 수 있도록 설계한 점이 인상적이었다"고 설명했다.

또한 '산소니모쿠 사이엔지'의 리모델링 사례를 언급했다 기존 건물을 개조해 지역사회와 연결된 시니어 커뮤니티로 재탄생시킨 공간이다. 세대 간 교류와 학습, 사회 참여가 가능한 모델로, 단순한 돌봄 공간이 아니라 노인의 사회적 역할 회복을 전제로 하고 있다.

김 박사는 "일본의 요양시설은 의료·재활·생활 지원이 긴밀하게 연결돼 있다. 노인을 보호하는 공간이 아니라, 다시 사회로 나갈 수 있도록 돕는 '다리' 역할을 한다"며, "한국도 안전 일변도의 관리에서 벗어나 회복과 자율성 중심의 모델을 고민해야 한다"고 강조했다.

김경인 박사가 보는 UBRC(대학 기반 시니어타운)

김 박사는 국내에서 논의가 활발한 UBRC(University-Based Retirement

Community, 대학 기반 시니어타운)에 대해 다소 회의적인 입장을 보였다. 그는 "우리나라에서 UBRC를 실제로 추진할 수 있는 대학은 많지 않다. 고려대학교처럼 부지와 대학 병원을 소유한 일부 대학이 검토하더라도, 입지가 지방에 있는 경우 현실적으로 매력이 떨어진다"고 말했다.

또한 UBRC가 대학의 유휴 공간 활용 차원에서 논의되는 점을 짚으며 "학생 수 감소로 남는 시설을 활용하자는 아이디어지만, 노인이 지방 캠퍼스로 이주해 살기를 원할 가능성은 낮다"고 지적했다. 그는 UBRC가 지식·문화 활동 기회를 제공한다는 점은 긍정적이나, 실제 노인들에게는 한계가 있다고 설명했다. "단순히 수업을 듣는 것만으로는 부족하다. 젊은 세대와 교류하고 토론하는 과정에서 세대 간 생각 차이와 문화적 장벽으로 실효성이 떨어질 수 있다"는 것이다.

김 박사는 해외 사례와 비교하며 "스탠퍼드대학처럼 세계적 명성을 가진 캠퍼스라면 도전해 보고 싶을 수 있다. 하지만 국내 지방 대학의 UBRC는 호감도가 높지 않다. 일본에서도 성공 사례로 불리는 수가 많지 않다"고 언급했다.

"치매여도 안심할 수 있는 사회" 슬로건에 못 따라가는 현실

치매 극복의 날(9월 21일)이 올 때마다 반복되는 슬로건이 "치매여도

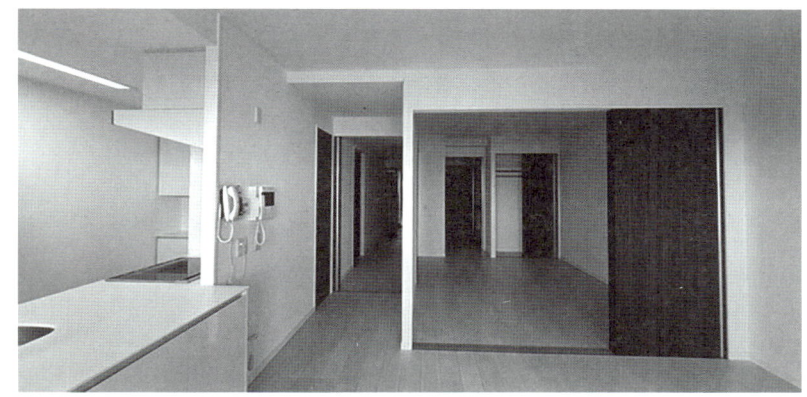
유니버설디자인, 이동에 장애가 되는 턱 제거

현관 단차 제거

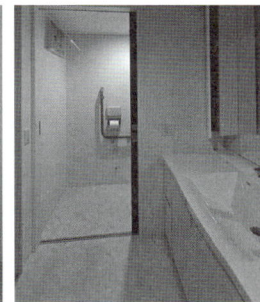
욕실 단차 제거

휠체어 이용자를 위한
주방 개수대 하부 손잡이 설치

안심할 수 있는 사회"다. 많은 가정이 '우리 집은 아닐 것'이라 여겨 조기검진을 미루고, 진단이 나오면 은폐·고립으로 이어지는 사례가 적지 않다. 김 박사는 65세 이상에서 치매와 경도인지장애 환자가 높은 비율로 존재한다는 점을 들어 "방치는 결국 가정과 사회의 부담을 키운다"고 말했다.

치매 예방의 출발점, '집 안'에서 '밖'으로

노인주거 공간 계획을 위해 인지건강을 연구한 김 박사는 집 안 고립을 치매 위험 요인으로 짚었다. 치매 예방의 핵심은 "노인이 밖으로 나가게 만드는 도시"라고 설명한다. 고령자의 보행은 보통 200m 단위로 끊기기 쉬우므로, 그늘·벤치·바람막이 같은 휴식 포켓을 촘촘히 두어야 한다. 외출 지속성을 위해선 목적지도 필요하다. 도서관 강좌, 평생학습, 공공건물 1층의 문화공간, 시니어 카페 등 저비용 제3공간이 생활 반경 안에 있어야 한다. 김 박사는 공중화장실 접근성도 실질적 과제로 꼽았다. "지하철역, 파출소·경찰서 화장실은 개방성과 안전성 측면에서 활용도가 높다. 즉시 떠올릴 수 있는 안내 체계가 필요하다"는 설명이다.

수다 떠는 공간이 노인 건강을 개선

노인들이 가장 원하는 것은 함께 이야기할 공간이다. 그러나 아파트 단지의 파고라(정자)는 소음 민원으로 종종 철거되고 있다. 김 박사는 놀이터가 시끄럽다고 하는 민원과 같은 맥락이라며 공공시설 1층에 세대 혼합형 라운지를 표준화하고, 어르신이 바리스타로 일하는 시니어 카페 등을 열어 전 세대가 이용하도록 해야 한다고 말했다. 실제 일부 치매안심센터 1층이 커피 라운지·자원봉사 거점으로 운영되자 저렴한 가격과 담소·역할·이용 편의가 결합해 활기가 생겼듯이 이러한 대화 공간을 늘려야 한다고 강조했다.

치매 당사자를 '환자'가 아닌 '시민'으로

김 박사는 디멘시아뉴스에 당부하고 싶은 말로, "치매인도 시민이라는 관점이 널리 퍼져 일과 사회 참여가 열려야 한다"고 전했다. 그는 일본의 신(新) 오렌지 플랜 수립 과정에서 치매 어르신이 지역사회에서 계속 사회활동을 이어가도록 지원하는 것이 전환점이 됐다고 소개하며, 한국도 멈춤·완화와 함께 역할의 지속을 제도에 포함해야 한다고 했다. 현재 노인일자리 지원책은 여전히 건강한 노인 의주로 설계돼 있고, 경도인지장애·초기 치매 당사자는 배제되고 있다. 정부가 '관리 부담'을 이유로 초기 치매 노인 포용을 미루기보다, 치매 인식 교육과 현장 대응 매뉴얼을 표준화해 위험관리를 체계화해야 한다는 디멘시아뉴스의 취지와 뜻을 함께했다. 단순 반복·허드렛일 중심 구조에서 벗어나, 개인의 전문성과 경력을 잇는 일자리 트랙, 당사자 참여형 모델을 넓혀야 한다는 의견이다.

일본에서 본 '어울림의 모델', 셰어 가나자와 불자원

인터뷰 말미에 김 박사는 일본 사회복지법인 불자원(佛子園)과 셰어

가나자와의 선한 영향력을 설명했다. 불자원은 한 사찰에서 시도한 돌봄 시스템에서 출발해 장애·노인·아동·주민·기업을 한데 어우러진 생애활약 마을(生涯活躍のまち 집에서처럼 살며, 평생 활동하고, 서로 섞이는 지역거점형 다세대 커뮤니티)을 만들었다. 이는 '노인 마을'이 아니라, '다세대 교류형 커뮤니티'를 기반으로 하여, 주거·일자리·돌봄·여가가 통합된 생활권을 지향한다.

혼합 구성: 고령자주택, 장애인 그룹홈, 장애아동 입소시설, 대학생 주택, 10개의 점포, 온천·레스토랑·알파카 농장·반려견 운동장 등 생활·돌봄·일자리가 한 단지에 얽혀 있다.

지역 경제 순환: 장애인이 만든 도시락 배달이 독거노인 안부 확인으로 이어지고, 수제 맥주·가정식 된장 같은 지역 상품이 단지와 동네를 오가며 수익을 창출하고 자부심을 만든다.

재정 자립 지향: 공적 지원 의존을 최소화하고 절세 방안, 금융·수익 설계로 지속성을 확보했다.

정책 파급: 총리를 비롯해 정부의 주요 인사들이 방문할 정도로 사회복지 현장의 롤모델로 파급력을 가지면서 다세대 생애활약 마을 구상이 일본 전역으로 확산됐다.

김 박사가 반복해서 강조한 요지는 "중요한 건 섞는 것"이다. 노인만 모아 프리미엄을 내세우는 폐쇄형 모델은 고립을 심화한다. 세대·역할·활동이 섞인 어울림이 건강과 삶의 의미를 지탱한다는 것이다.

식당 카운터, 생활·돌봄·일자리가 얽힌 거점

김 박사의 노후 계획을 묻자 "집에서, 익숙한 동네에서 살겠다"고 답했다. 이를 가능하게 하려면 단차 제로, 미닫이문, 욕실 안전 같은 고령자 주거 표준과 벤치·그늘·공중화장실·개방 라운지 같은 이동권이 보장된 도시 인프라 구축, 당사자 참여 일자리가 함께 갖춰져야 한다. 그는 "일본도 시간이 걸렸다. 한국은 더 걸릴 수 있다. 그래서 더 빨리, 더 구체적으로 생활 단위의 변화를 시작해야 한다"고 말했다.

김 박사의 메시지는 분명하다. "노인이 살기 좋은 사회는 결국 모든 세대가 살기 좋은 사회"다. 초고령사회 한국에서 집과 도시, 시설과 돌봄, 세대와 사회를 아우르는 새로운 주거와 돌봄의 패러다임이 필요하다는 그의 지적이 묵직하게 다가온다.

치매 친화 사회로 가는 길목에서

　전 세계는 매년 9월 21일을 '세계 알츠하이머의 날(World Alzheimer's Day)', 한국은 '치매 극복의 날'로 기념한다. 한국과 일본은 같은 날을 기념하면서도 풍경은 다르다. 일본은 치매 환자가 직접 요리점의 스태프가 되거나 지역 카페 모임에 참여하는 등 사회적 역할을 맡는 이벤트를 확산시키고 있다. 반면에 한국은 기념식과 공연, 표창 위주로 제도적 성격이 강하다.

　이 차이는 단순한 행사 운영 방식의 차이가 아니라, 치매를 바라보는 사회적 태도의 차이를 드러낸다. 일본은 치매 환자의 실수를 포용하며 "틀려도 괜찮다"는 메시지를 사회에 심는다. 한국은 여전히 치매 환자를 돌봄의 대상으로만 두고, 제도의 그늘 속에서 보호받아야 할 존재로 바라본다. 그러나 치매 친화 사회는 제도적 보장만으로 완성되지 않는다. 당사자가 사회의 일원으로 존중받고, 시민과 함께 어울리며, 실수조차 삶의 일부로 받아들여지는 문화가 필요하다.

한국 사회는 여전히 치매와 노인을 '부담'으로 보는 시선이 강하다. 그러나 치매 환자를 사회 구성원으로 존중할 때 초고령사회의 지속 가능한 길이 열린다. 이제는 세부적인 복지 제공의 수준을 넘어 지역 곳곳에서 치매 환자와 시민이 함께 어울리는 이벤트와 일상적 교류가 필요하다. 작은 런치 모임, 주문을 틀리는 요리점 같은 실험적 프로젝트가 치매 친화 사회로 가는 전환점이 될 수 있다.

치매는 더 이상 개인의 문제가 아니라 사회 전체의 문제다. 일본의 사례가 보여주듯 당사자가 역할을 맡고, 시민이 이를 함께 수용하는 구조 속에서 비로소 '치매와 공존하는 사회'가 가능하다. 한국도 이제는 기념식과 표창을 넘어, 치매 환자가 존엄과 자존감을 지닌 시민으로 살아갈 수 있는 환경을 만들어야 한다. 초고령사회 한국이 반드시 선택해야 할 길이다.

디멘시아문학상 수상 작품

디멘시아문학상은 치매에 대한 사회의 부정적 인식과 편견을 바로잡고,
치매 환자와 가족들의 이야기를 문학적으로 승화시키는 소중한 기회를 제공하고자
2017년 시작한 치매 관련 문학 공모전입니다.

은미
반고훈 중편소설

제8회
소설 부문
수상작

그리운 기억, 남겨진 사랑: 두 번째 이야기
김정회, 이종건, 김상문, 손윤희 지음

제8회
수기 부문
수상작

그리운 기억, 남겨진 사랑: 첫 번째 이야기
양승복, 이아영, 천정은, 염성연, 이동소, 이태린 지음

제5회
제7회
수기 부문
수상작

서른넷 딸, 여든둘 아빠와 엉망진창 이별을 시작하다
김희연 지음

제7회
수기 부문
우수상
수상작

레테의 사람들
민혜 장편소설

제5회
소설 부문
대상
수상작

소금꽃 질 즈음
장훈성 장편소설

제5회
소설 부문
최우수상
수상작

과거의 굴레
김영숙 장편소설

제5회
소설 부문
우수상
수상작

피안의 어머니
조열태 장편소설

2020년
세종도서
선정

제3회
소설 부문
최우수상
수상작

섬
이정수 장편소설

제1회
소설 부문
최우수상
수상작

스페이스 멍키의 똥
박태인 장편소설

제1회
소설 부문
대상
수상작